550 B4
W18

D1688925

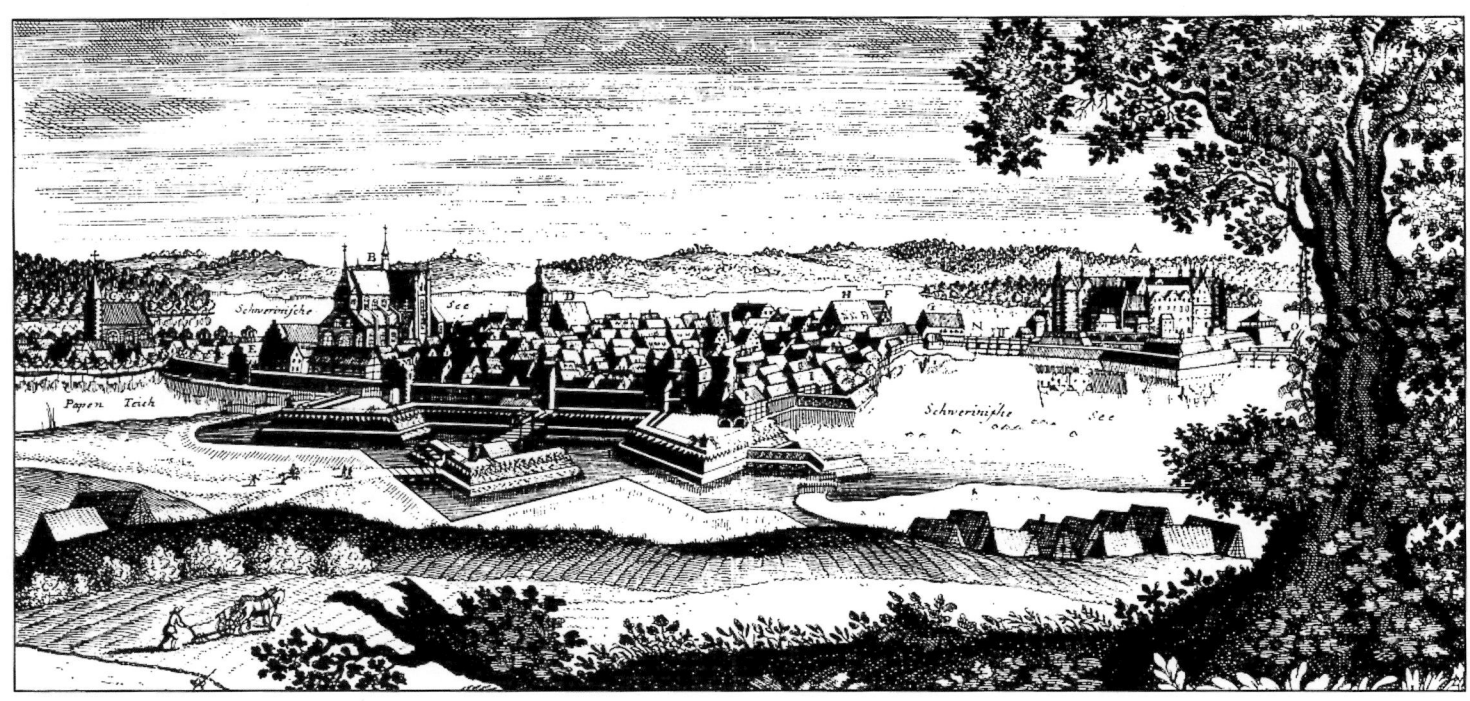

Matthäus Merian d. Ä., Ansicht von Schwerin, Kupferstich von 1640 (Ausschnitt)

SCHWERIN

Text von Ingrid Möller
Fotos von Ulf Böttcher

HINSTORFF

Übersetzung ins Englische von Patrick Plant

Titelfoto: Im Morgenrot scheint die Schloßinsel im Wasser zu schwimmen.

Bildnachweis:
S. 5 – Holzschnitt aus: Conrad Botho, Chronecken der Sassen,
Mainz (Peter Schöffer) 1492. Schwerin, MLB
S. 6 – Ausschnitt aus: Daniel Frese, „Abriß oder Tabula der Grafft und Schiffahrt
von Wismar bis Dömitz auf der Elbe",
Lüneburg 1605, aquarellierte Federzeichnung.
Museum des Fürstentums Lüneburg, Aufnahme: Thomas Helms/Schwerin
S. 48/49 Rainer Cordes/Schwerin

Wir danken dem Mecklenburgischen Volkskundemuseum in Schwerin-Mueß
für die freundliche Unterstützung.

Die Deutsche Bibliothek – CIP-Einheitsaufnahme

Schwerin / Text von Ingrid Möller. Fotos von Ulf Böttcher. - 1. Aufl. -
Rostock : Hinstorff, 1998
ISBN 3-356-00774-2

© Hinstorff Verlag GmbH, Rostock 1998
1. Auflage 1998
Druck und Bindung: Druck- und Verlagshaus Erfurt GmbH
Printed in Germany
ISBN 3-356-00774-2

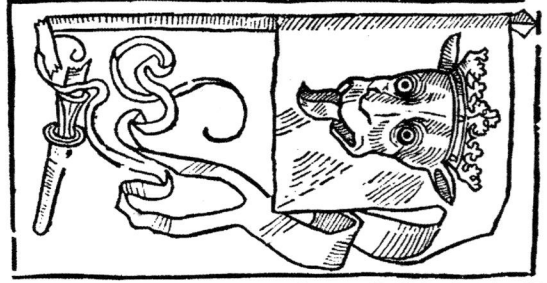

Gründung der Stadt Schwerin durch Heinrich den Löwen 1160

Schwerin, die Landeshauptstadt Mecklenburg-Vorpommerns, bezaubert durch ihre Atmosphäre. Doch das, was diese besondere Atmosphäre bedingt – die Einbettung in eine Landschaft voller Seen, Wiesen und Wälder – hätte eigentlich eher ein Hinderungsgrund für ihre Entstehung sein können. Den Satz, daß alles sich rechnen müsse, kannten wohl weder die Stadtgründer noch die Stadterweiterer. Im Sumpfland kostete es ganze Wälder, um genügend Pfähle zu haben für tragfähige Fundamente. Günstig im rechnerischen Sinne war das gewiß nicht.

Schon der Ortsname ZUARIN, dessen genaue Übersetzung umstritten ist, verweist auf ein Gebiet mit viel Wald und Tieren. Daß ein solcher Platz den Jägern und Sammlern der Jungsteinzeit recht war, leuchtet ein. Auch, daß die Lage später den Siedlungsgepflogenheiten der Slawen entsprach. Denn über sie berichtet 973 Ibrahim Ibn Jakub: *Wenn sie eine Burg bauen wollen, so suchen sie ein Wiesengelände aus, das reich ist an Wasser und Rohrsümpfen. Sie stecken dort einen Platz ab, ziehen einen Graben herum und häufen die ausgehobene Erde auf, die sie feststampfen. Die Mauer wird zur erforderlichen Höhe ausgeführt, ein Tor und eine Brücke über den Graben werden gebaut. Kriegsheere dringen in das Land des Nakon nur mit großer Mühe ein, denn das Land besteht aus Wiesen, Sumpf und Morast.*

An Sumpfland war hier so wenig Mangel wie im heutigen Groß Raden, wo aufgrund der Bodenfunde eine solche slawische Ansiedlung nachgebaut worden ist. Trotzdem, der massiven Bedrohung durch die Heere der Sachsen war die Burg nicht gewachsen. Das erkannte der Obotritenfürst Niklot, gab den Befehl, die Anlage zu schleifen und zog sich zur Entscheidungsschlacht auf die Burg Werle bei Schwaan zurück. Hier fand er 1160 den Tod. Sieger war Heinrich der Löwe. Er gilt als eigentlicher Gründer der Stadt Schwerin. Auf ihn bezieht sich das Stadtwappen mit dem goldenen Reiter. Heinrich der Löwe ließ auf den Resten der geschleiften Wendenburg eine mittelalterliche Burg errichten und setzte den Braunschweiger Gunzelin von Hagen als Statthalter ein. Die Wenden gaben sich jedoch nicht geschlagen. Ihre Aufstände zwangen Heinrich, schon 1167 Niklots Sohn Pribislaw in die alten Rechte einzusetzen. So tritt der erstaunliche Fall ein, daß das mecklenburgische Fürstengeschlecht wendischen Ursprungs ist und sich auch ganz betont darauf beruft. Um Gunzelin von Hagen nicht zu entrechten, richtete Heinrich der Löwe die Grafschaft Schwerin ein und ernannte ihn zum ersten Grafen.

Neben der Neuordnung der weltlichen Machtbereiche war auch die Geistlichkeit in der neugegründeten Stadt zu etablieren. Der Bischofssitz wurde 1167 von der Hauptburg Michelenburg (Dorf Mecklenburg) nach Schwerin verlegt und der Zisterziensermönch Berno als Bischof eingesetzt. Schon 1171 fand die erste Domweihe statt. Über Größe und Gestalt dieses Baus ist nichts bekannt. Möglicherweise war er ein schnell errichtetes Provisorium, denn schon etwa zwanzig Jahre später wurde mit einem spätromanischen Neubau nach Ratzeburger Vorbild begonnen. Die dreischiffige Backsteinbasilika mit Querhaus und Apsis war um die Jahrhundertmitte fertig. Doch blieb von diesem Bau nur die Paradiespforte am südlichen Turmunterbau erhalten, weil bereits 1290 ein noch größerer Bau begonnen wurde. Finanzierbar war die so rege kirchliche Bautätigkeit durch die Wallfahrt zur Reliquie des Heiligen Blutes, die seit 1222 hier ausgestellt war. Für den Neubau stand der gotische Kathedraltyp

*Die früheste Ansicht von Schwerin,
1605 von Daniel Frese aquarelliert (Ausschnitt)*

französisch-flandrischer Prägung wie bei St. Marien in Lübeck oder St. Nikolai in Stralsund Pate. Die Bauzeit des heute noch stehenden Doms dauerte Jahrhunderte.

Währenddessen wuchs auch die Stadt. Die slawische Bevölkerung, die zuvor am Ufer der Burgfreiheit (Marstallbereich/Großer Moor) gewohnt hatte, wurde umgesiedelt in den Bereich der Schelfe (heute Schelfstadt), die germanische Siedlung blieb auf dem Markt neben dem Dom. Das Jahr, in dem das Marktrecht erteilt wurde, ist identisch mit der Weihe des ersten Doms (1171). 1228 wurden ein Bürgermeister und sechs Ratsherren eingesetzt, 1340 war die Stadtmauer fertig, und acht Jahre später siegelte Kaiser Karl IV. die Urkunde, die Mecklenburg zum Herzogtum erhob.

Da 1358 die Linie der Grafen von Schwerin ausstarb, kaufte Herzog Albrecht II. die Grafschaft und verlegte die herzogliche Residenz von Wismar nach Schwerin. Albrecht II. war es auch, der zwanzig Jahre später Ernst von Kirchberg beauftragte, eine Chronik zu verfassen. Mit prächtigen Miniaturen versehen, zählt diese Chronik zu den Schätzen des Mecklenburgischen Landeshauptarchivs.

Um einen bildhaften Eindruck vom Werden der Stadt zu gewinnen, ist es hilfreich, historische Stadtansichten zu betrachten: Die früheste Schwerinansicht aquarellierte der Lüneburger Daniel Frese 1605, und zwar als Detail in „Abriß oder Tabula der Grafft und Schiffahrt von Wismar bis Dömitz auf die Elbe". Es ist also eine Landkarte, bezogen auf einen Flußlauf. Ähnlich wie auf Tilemann Stellas erster Mecklenburgkarte von 1552 erfaßt die Darstellung der Stadt mehr das Typische. Dennoch bringt sie alle Besonderheiten auf den Punkt:

Vor allem viel Wasser. Geradezu beängstigend viel Wasser rund um die Stadt, so daß sie aller Ausdehnungsmöglichkeiten beraubt scheint mit Ausnahme des Wiesengebiets im Hintergrund. Wiesen und Wald beherrschen auch den Vordergrund diesseits der schmalen Halbinsel. Häuser gibt es auch hier, aber es sind ländliche Gehöfte.

Als Dominanten der Stadt sind herausgehoben der Dom und – über eine Holzbrücke erreichbar – die heutige Schloßinsel. Bebaut ist die Insel mit einem Kranz unterschiedlich großer Häuser. Links vom Eingangstor steht eine Fachwerkkirche, in der Mitte ein Haus mit der Traufseite nach vorn, daneben drei Häuser mit Stufengiebeln. Schräg ins Wasser geführte Mauern umgeben dieses Ensemble, so daß die Häuser wie in einer Schale liegen. Gedrängt stehen auch die Häuser in der Stadt, umfriedet von der Stadtmauer, die von zwei Toren durchbrochen ist. Rechts neben dem Dom erscheint der Zwiebelturm des Rathauses, links – etwas zurückgesetzt mit gesonderter Mauer – erhebt sich der Turm der Schelfkirche. Mehr oder weniger zur Taufe gezwungen, hielt die slawische Bevölkerung ihren Gottesdienst wohl im eigenen Wohnbereich in einer eigenen Kirche ab. So ist aus dieser kleinen Zeichnung die ganze Sozialstruktur der Stadt ablesbar – das Bild einer mittelalterlichen Stadt, obgleich mehrere Stadtbrände schon damals immer wieder zu Neubauten geführt hatten.

Topographisch genauer ist da schon der Kupferstich von Matthäus Merian dem Älteren von 1640, der von seinem Sohn Caspar nachgestochen wurde. Er bezeichnet die markanten Gebäude mit Buchstaben und setzt eine Legende unter das Blatt, so daß keine Zweifel möglich sind. Was besonders ins Auge fällt, sind die massiven Befestigungsanlagen, die unter dem mecklenburgischen Renaissancefürsten Johann Albrecht I. errichtet worden waren. Doch erwiesen sie sich kaum als ernsthaftes Hindernis, auch nicht im Dreißigjährigen Krieg, der noch nicht zuende war, als das Blatt entstand. Zeigt das Bild des Daniel Frese eindringlich, wie wenig Chancen die geographische Lage Schwerin als Handelsmetropole ließ, so zeigt der Merianstich die strategisch ungünstige Situation.

Die Stadt war nie Mitglied der Hanse, alle Fernstraßen führten in weitem Bogen an ihr vorbei, selbst die Nachbarstädte waren nur auf Umwegen erreichbar.

Der Dreißigjährige Krieg tat ein übriges, die Stadt zu beuteln und die Bevölkerung zu dezimieren. Wallenstein war 1628 vom Kaiser zum Herzog von Mecklenburg ernannt worden und residierte im Güstrower Schloß. Die Herzöge lebten bis 1631 außer Landes. Nach dem Krieg waren die Kassen leer. Als man um die Mitte des 18. Jahrhunderts die Residenz nach Ludwigslust verlegte und dort Schloß und Stadt erbaut wurden, ging das auf Kosten Schwerins. Zumal es wieder einen Krieg gab, den Siebenjährigen nämlich, wo die Preußen die Bevölkerung ausplünderten und die sogenannten „langen Kerls" in die Armee zwangen. Daß trotzdem in diesem Jahrhundert qualitätvolle Bauwerke Schwerins Stadtbild veränderten und erweiterten, ist eigentlich überraschend. Zu nennen sind der barocke Ausbau der Neustadt auf der Schelfe ab 1705, der achsial angelegte Schloßgarten mit Kreuzkanal und Permoserplastiken 1752-56, das Neue Gebäude an der Nordseite des Markts 1783-85, mehrere Palais wie das Alte Palais am Alten Garten 1791 und die 1795 geweihte katholische Propsteikirche St. Anna. Zu vergessen ist auch nicht, daß der kunstsinnige Herzog Christian Ludwig II. ein leidenschaftlicher Sammler war und den Grundstock legte für die Bestände des Staatlichen Museums Schwerin. Er war es auch, der den sächsischen Hofmaler Johann Alexander Thiele einlud, Ansichten mecklenburgischer Städte zu malen. Sein „Prospekt von Schwerin über den Burgsee gesehen" von 1750 trägt der Jagdbegeisterung seines Auftraggebers Rechnung, indem er ihn mit seinem Sohn Friedrich als Anführer einer Jagdgesellschaft im Vordergrund zeigt. Das stimmungsvolle Bild mit den hohen seitlichen Bäumen im Vordergrund und dem Schloß im Hintergrund nimmt manches von der romantischen Landschaftsauffassung des folgenden Jahrhunderts vorweg. An der Flächenausdehnung der Stadt hat sich jedoch nicht viel geändert. Schließlich zählte Schwerin damals nur wenig über dreitausend Einwohner!

Diese Situation änderte sich allerdings rasant, als nach der Franzosenzeit und den Befreiungskriegen 1815 die Herzogtümer Mecklenburg-Schwerin und Mecklenburg-Strelitz den Status von Großherzogtümern erhielten. Daraus ergaben sich ganz neue Repräsentationsverpflichtungen. Vieles mußte neu überdacht werden. Die Residenz konnte nicht lange im verträumten Jagdgebiet Ludwigslust bleiben. Die Stadt Schwerin brauchte einen fähigen Architekten, der Regierungsgebäude moderner, großstädtischer Prägung entwerfen kann. Beamtenwohnungen, aber auch Handwerker- und Arbeitersiedlungen mußten her. Im Vergleich zum Jahre 1764 hatte sich 1819 die Einwohnerzahl verdreifacht, blieb aber noch unterhalb der Zehntausend. Schwerinansichten des frühen 19. Jahrhunderts erfassen folglich die Stadtkulisse summarisch aus größerer Distanz.

1823 unterschrieb der aus Berlin kommende Schinkel-Schüler Georg Adolph Demmler den Vertrag als Großherzoglich-Mecklenburgischer Baukonducteur. Protegiert wurde er von dem damaligen Erbgroßherzog Paul Friedrich und seiner Frau Alexandrine, die als Tochter der Königin Luise und des preußischen Königs Friedrich Wilhelm III. aus Berlin kam. Demmler war *der* Architekt, der das Stadtbild Schwerins bis auf den heutigen Tag geprägt hat. Allein die Aufzählung der wichtigsten Bauleistungen macht das deutlich: das Kollegiengebäude in der Schloßstraße (heute Regierungssitz), der Marstall (heute Kultus- und Sozialministerium) und das Krankenhaus in der Werderstraße, die Rathausfassade am Markt, die Justizkanzlei in der Schelfstraße, mehrere Gebäude auf dem Bahnhofsvorplatz, die heutige Gestaltung rund um den Pfaffenteich, dessen Uferbefestigung, die Anlage der Promenaden und angrenzenden Straßenzüge einschließlich des Arsenals (heute Innenministerium) und des Eckbaus zur Mecklenburgstraße, in dem er selbst wohnte. Vor allem aber verdankt Schwerin ihm einen Generalbebauungsplan, der weit in die Zukunft hinein konzipiert war, und den völligen Umbau des Schlosses mit den vielen spitzen Türmen nach dem Vorbild des Loire-Schlosses Chambord.

Nachdem sich die Anzahl markanter Gebäude derart vergrößert hatte, nutzten die Vedutenzeichner eine neue Form der Wiedergabe: das Tableaubild. Biedermeierlich gewandet promeniert im großen Mittelbild einer kolorierten Lithographie von Gustav Täubert (um 1842/43) die Oberschicht um den Pfaffenteich, das Arsenal im Hintergrund. Rundherum sind zwölf einzelne Gebäudeansichten gruppiert, bei Gustav Frank (um 1860) sogar zwanzig. Schwerin war zu der Zeit sehr wohl eine Reise wert, und daß solche Tableaus für Touristen gedacht waren, beweisen die Bildtitel „Erinnerung an Schwerin" oder „Schwerin mit Umgebungen".

Die Umgebung wurde nun in immer größer werdendem Radius ins Stadtgebiet einbezogen. Altstadt und Neu-(=Schelf-)Stadt waren schon 1832 zusammengeschlossen worden. Als Schwerin seit 1837 ganz offiziell wieder Residenzstadt war, ließ Paul Friedrich den nach ihm benannten Paulsdamm aufschütten, wodurch der Schweriner See in einen Innen- und Außensee getrennt wurde und endlich ein direkter Landweg nach Güstrow entstand. Der Anschluß an das Hamburg-Berliner Eisenbahnnetz 1847 sorgte für mehr Öffnung nach außen und zur Stadterweiterung im Bahnhofsbezirk der Paulsstadt. 1863-69 entstand hier der neogotische Backsteinbau der St. Paulskirche nach dem Entwurf Theodor Krügers. Hinter dem Schloß ließ Paul Friedrich das von Baurat Wünsch errichtete Greenhouse erweitern und durch eine gußeiserne Brücke mit dem Kavaliershaus auf der gegenüberliegenden Straßenseite verbinden. Auch in diese Richtung wuchs die Stadt. Hier entlang führt der Weg zum Strand von Zippendorf, wo es bereits ab 1860 Gasthäuser gab.

Weit vorgeschoben in nördliche Richtung (Wismarsche Straße) war die Nervenheilanstalt auf dem Sachsenberg. Kaum als abbildungswürdig galten dagegen die Arbeitersiedlungen der Feldstadt.

Der Bauboom der Gründerzeit bescherte der Stadt Prunkvillen, Denkmäler und öffentliche Gebäude wie die Siegessäule, das Reiterdenkmal des Großherzogs Friedrich Franz II. im vorderen Schloßgarten, das neue Theater, das Museum am Alten Garten, das Hauptpostamt, die Kuetemeyer-Stiftung (Standesamt) am Pfaffenteich und den neuen Bahnhof. Der Dom bekam 1890 seinen hohen neogotischen Turm nach dem Entwurf von Georg Daniel. Als Bauten des Jugendstils seien das Landeshauptarchiv in der Graf-Schack-Allee, das Kaufhaus Kreßmann, die Stadthallen am Marienplatz oder die Mecklenburgische Sparbank an der Ecke Arsenal/Wismarsche Straße genannt. Auch der Brunnen „Rettung aus Seenot" von Hugo Berwald – heute vor dem Bahnhof – entstand damals, ebenso wie das Denkmal der Alexandrine im Schloßgarten. Zudem wuchs um die Jahrhundertwende der Bedarf an Hotels.

Waren 1880 noch 31 000 Besucher in der Stadt gezählt worden, so waren es 1910 bereits 50 000. Zu den Attraktionen gehörten die in Kiel gebauten Dampfschiffe mit den hoheitsvollen Namen „Friedrich Franz", „Herzogin Alexandrine", „Niclot" oder „Obotrit". Sie befuhren den Schweriner See mit Kurs auf die Insel Kaninchenwerder oder nach Zippendorf. Seit 1881 fuhr anstelle der wenig frequentierten Pferdebahn eine Straßenbahn in Schwerin. Dokumentiert wurde das alles nicht nur in Malerei und Graphik, sondern mit den modernen Mitteln der Photographie, speziell in Ansichtskarten.

Der Erste Weltkrieg wurde laut Augenzeugenberichten zunächst sehr bejubelt, doch bald zeigte sich, daß vor allem die Fokker-Flugzeugwerke in Görries davon profitierten. 1918 beschäftigten sie tausend Arbeiter. Auf den verlorenen Krieg folgten die bekannten Krisen- und Notzeiten. Die Rolle Schwerins änderte sich. Nach der Novemberrevolution 1918 mußte Großherzog Friedrich Franz IV. abdanken. Schwerin war nun zwar Landeshauptstadt, aber nicht mehr Residenz. Nur relativ wenige Straßen seitlich der Werderstraße und am Obotritenring zeigen den Stil der 20er Jahre. Den Stempel der NS-Zeit – wo Schwerin sich „Landes- und Gauhauptstadt" nannte – tragen die Kasernenbauten sowie Backsteinsiedlungen in Neumühle, an der Güstrower Chaussee und – für die Politprominenz – am Tannhof. Luftangriffe während des Zweiten Weltkriegs galten vor allem dem Flugplatz Görries, zerstörten aber noch kurz vorm Kriegsende auch ganze Straßenzüge in der Nähe des Friedhofs am Obotritenring. Gegen Kriegsende erreichten nicht nur lange Flüchtlingstrecks aus dem Osten die Stadt, sondern auch KZ-Häftlinge aus Sachsenhausen. An ihren „Todesmarsch" erinnert unter anderem ein Denkmal von Gerhard Thieme am Ortseingang von Raben Steinfeld. Besetzt wurde die Stadt am 2. Mai 1945 zunächst von anglo-amerikanischen Truppen, dann aber am 1. Juli gemäß dem Abkommen von Jalta von sowjetischen Truppen. Die Not in der übervölkerten Stadt war groß. Hunger, Seuchen und Raummangel herrschten.

Nach Gründung der DDR erfolgte 1952 die Aufteilung des Landes Mecklenburg in die drei sogenannten Nordbezirke, und Schwerin wurde – ebenso wie Rostock und Neubrandenburg – Bezirkshauptstadt. Der Ausbau als Industriestandort wurde systematisch betrieben in Verbindung mit einem Wohnungsbauprogramm, das in vorgefertigter Plattenbauweise große Satellitenstädte schuf. 1955 begann der Aufbau der Weststadt, 1962 entstand der Stadtteil Lankow und 1971 der Große Dreesch als größter Wohnkomplex mit Ausrichtung auf die Industriegebiete von Schwerin-Süd. Auf diese Weise hatte die Altstadt bald weniger Einwohner als die Neubaugebiete. 1972 wurde Schwerin mit 100 000 Einwohnern Großstadt. Als prägnante öffentliche Neubauten entstanden das Hochhaus im Lamprechtsgrund an der Sport- und Kongreßhalle (1959-62), die Schulsternwarte mit Planetarium in der Weinbergstraße (1962) und der 138 m hohe Fernsehturm auf dem Großen Dreesch (1964). Mit dem Aufbau des Zoologischen Gartens wurde 1956 begonnen.

Der Bau der Satellitenstädte sorgte zwar dafür, daß in relativ kurzer Zeit viele Menschen Wohnungen bekamen – auf dem Dreesch allein 60 000 –, führte aber

Gustav Frank, Schwerin und Umgebung, um 1860, Lithographie mit Tonplatte, 34 x 47,8 cm

auch vielfach zum Verfall historisch wertvoller Altbausubstanz. Die Mittel der Denkmalpflege waren begrenzt, und die Mieteinnahmen privater Hausbesitzer wurden staatlich festgesetzt und bewußt gering gehalten. So mußten ganze Straßenzüge zum Beispiel um den Großen Moor Neubauten weichen.

Die politische Wende herbeizuführen, gab es seit dem 23. Oktober 1989 auch in Schwerin die Montagsdemonstrationen nach Leipziger Vorbild. Ausgangspunkte waren die kirchlichen Andachten, Haupttreffpunkt der Alte Garten als größter Platz, Zielpunkte das Arsenal als damaliger Sitz des Polizeipräsidiums und das Justizgebäude am Demmlerplatz als Zentrale der Staatssicherheit. Kerzen brannten auf dem Gelände rund um den Pfaffenteich und auf den Fenstersimsen der genannten Gebäude. Die Zahl der Demonstrationsteilnehmer übertraf zeitweise die der in Schwerin ansässigen Erwachsenen (rund 100 000 bei insgesamt 130 000 Einwohnern), weil viele aus dem Umland anreisten. Nach der Grenzöffnung am 9. November waren Lübeck und Hamburg die Zielorte, wohin sich die Autoschlangen bei total verstopften Straßen bewegten.

An die Spitze der Stadtverwaltung wurde am 6. Mai 1990 der SPD-Abgeordnete Johannes Kwaschik als Oberbürgermeister gewählt. Nach Rivalitäten zwischen Rostock als größter Stadt im Land und Schwerin als jahrhundertelanger Residenzstadt erklärte der Landtag am 27. Oktober 1990 Schwerin zur Landeshauptstadt Mecklenburg-Vorpommerns.

Seitdem gilt auch hier der allgemeine Trend: Einerseits werden Häuser von Grund auf saniert, Fassaden in altem Glanz wiederhergestellt, andererseits verfallen zahlreiche Einzelbauten, weil sie durch ungeklärte Eigentumsverhältnisse seit Jahren unbewohnt sind. Geschäfte in der Innenstadt weichen wegen der hohen Mieten zunehmend zahlungskräftigen Finanzinstituten, Immobilienhändlern, Versicherungen oder Rechtsanwälten, während außerhalb der Stadt große Einkaufszentren errichtet werden wie der „Margaretenhof" in Warnitz oder das „Sieben-Seen-Center" in Krebsförden, deren unbestreitbarer Vorteil die großen Parkplätze sind. Bürgerinitiativen wenden sich gegen eine Verödung der Altstadt, den Verfall und Abriß des historisch Gewachsenen. Solche Reibungsflächen boten die Stadthallen am Marienplatz, weshalb die Fassade neben dem Haupteingang zum neuen Schloßpark-Center stehengelassen wurde, ebenso blieb die Fassade neben dem „Wurm" erhalten. Große Bürobauten wurden in den letzten Jahren am Bleicherufer am Ostorfer See, am Ende der Wismarschen Straße und im Grünen Tal auf dem Großen Dreesch errichtet. Ebenso entstanden am Stadtrand neue Hotels wie das „Europa Hotel Schwerin" in der Südstadt, das Hotel „Arte" in Krebsförden oder das „Hotel Plaza" auf dem Großen Dreesch. Gewerbegebiete, Autohäuser und Tankstellen werden jedem Besucher als neue Errungenschaften ins Auge fallen. Ebenso die neuen Wohnsiedlungen, bevorzugt mit Blick auf einen der zehn Seen im oder am Rande des Stadtgebietes, so in Friedrichsthal, Krebsförden, Pinnow, Mueß, Seehof oder Retgendorf. Und damit wären wir schon beim Heute. Baustellen bezeugen einen ständigen Wandel. Eine Stadt ist eben ein Organismus.

Falls Sie nun Schwerin besser kennenlernen möchten, finden Sie auch hier am Markt das bekannte „i", das für die Stadtinformation steht. Hier beginnen die Stadtführungen, zu Fuß, per Rad, mit dem Bus oder dem Minibus „Petermännchen". Auch Rundflüge sind möglich.

Wenn Sie es aber vorziehen, die Stadt auf eigene Faust zu erkunden, dann benutzen Sie am besten einen handlichen Stadtplan und beginnen ihren Rundgang gleich am Markt. Wenn Sie nichts über die Stadtgeschichte wüßten, wären Sie vielleicht enttäuscht, daß er nicht größer ist. Mit dem größten norddeutschen Markt in der Hansestadt Wismar oder dem der Hansestadt Rostock ist er nicht vergleichbar. Vielmehr entsprechen seine Maße denen einer mittleren mecklenburgischen Kleinstadt. Und selbst dieses Rechteck ist schon erweitert worden gegenüber der mittelalterlichen Umgrenzung. Auch Häuser jener Zeit mit so reizvollen Giebeln wie in Wismar, Stralsund oder Greifswald sucht man vergebens. Das Rathaus – bis vor kurzem der Sitz des Oberbürgermeisters – steht auch nicht extra, nicht einmal vorgerückt in die Straßenzeile, und erhielt seine heutige Fassade von dem besagten Architekten G. A. Demmler. Über den Zinnen der Tudorfassade leuchtet gülden in der Sonne der kleine Reiter aus dem Stadtwappen, der an Heinrich den Löwen erinnert. Inzwischen muß man hinzusetzen: der *auch* an ihn erinnert, denn in den letzten Jahren hat er unübersehbare Konkurrenz bekommen in Gestalt des ironisierten Betonlöwen von Lenk wenige Meter davor auf dem Markt und außerdem durch das Duplikat des Braunschweiger Löwen an der Bibliotheksseite des Doms. (Bis dato waren die Schweriner ganz gut ohne Löwendenkmal ausgekommen, da ihre Sympathien mehr Niklot galten, der trotz Tod und Niederlage Ahnherr des mecklenburgischen Fürstenthrons geblieben ist.) Die beiden abgewetzten barocken Löwen vor der Buchhandlung des Nebenhauses haben als Relikte einer einstigen Apotheke jedenfalls nichts mit dem Eroberer Heinrich zu tun.

Der doppelbogige Durchgang zwischen beiden Häusern sollte schon zum Durchgehen verleiten. Er führt nämlich auf den mit Linden bestandenen Schlachtermarkt, auf dem wochentags außer Montag nun wirklich Markt abgehalten wird. Hier spielt sich – gemütlich wie auf einem großen Innenhof – lebhaftes, buntes Treiben ab. Von Rapshonig bis zu Flechtkörben, von Häkeldeckchen bis zu Blumen, Obst und Gemüse, von Putenschnitzel bis Lederwaren, von Textilien bis Glückwunschkarten ist alles zu haben. Einheimisches hat hier eine besondere Tradition. Und dazu paßt so recht die 1980 aufgestellte Brunnenplastik von Stefan Horota zu dem derben plattdeutschen Lied „Von Herrn Pastorn sien Kauh". Die Häuser rundherum sind kleiner als die um den eigentlichen Markt. Erkennbar ist jetzt auch, daß der Torbogen hier spitzbogig ist und sich also doch ein Rest des Rathauses von 1351 erhalten hat. Außerdem entpuppt sich die breite Rathausfront rückwärtig als Barockbau von 1654 mit drei Fachwerkgiebeln. Hier wurde ein Glockenspiel angebracht, das mittags um 12 Uhr das Lied „Wenn alle Brünnlein fließen" ertönen läßt, obgleich aus Geldmangel die städtischen Brünnlein in den letzten Jahren höchst selten fließen. Gegenüber, hinter den Marktbuden, stehen wiederum Gebäude aus unterschiedlichen Zeiten. Schlachterstraße 5 befindet sich der Landesverband der jüdischen Gemeinde; ein Gedenkstein auf dem Hof verweist auf die in der berüchtigten „Reichskristallnacht" 1938 zerstörte Synagoge. In den restaurierten Fachwerkhäusern Schlachterstraße 9-13 haben sich die „Alt-Schweriner Schankstuben" etabliert. Auffallend anders ist das Haus Nr. 17, dem Tudorstil der Rathausfassade angeglichen und durch gelben Anstrich hervorgehoben. Eine blanke Messingtafel verrät, daß der Hofbaumeister Georg Adolph Demmler dieses Haus seiner Loge „Harpokrates zur Morgenröthe" 1846 geschenkt hat und daß es seit 1993 wieder Sitz der Freimaurerloge ist.

In nördlicher Richtung fällt ein zweigeschossiger quergelagerter Backsteinbau auf. Ein Balken trägt gut lesbar die Inschrift: O HERR ERBARME DI VNSER VNDE WES VNS GNEDLIH ANNO 1574. Wir befinden uns auf dem ehemaligen Domhof und damit auch vor dem ältesten Wohnhaus Schwerins. Dieses Gebäude, restauriert und heute Sitz des Landesamts für Denkmalpflege, grenzt rückwärtig an das einzige erhaltene Stückchen Stadtmauer mit Türmchen in der Burgstraße.

Das Prinzip, eine „herrschaftliche" Fassade einer Gruppe kleiner Einzelhäuser vorzublenden, praktizierte schon Johann Joachim Busch am „Neuen Gebäude", das im Volksmund – viel passender – „Säulengebäude" heißt. Es steht an der Nordseite des Marktes und verdeckt folglich den Blick auf den östlichen Teil des Doms. Geradezu monumental wirkt der zweigeschossige helle Putzbau mit seinen 14 massiven dorischen Säulen und Attika als Vorhalle. Und genau darauf kam es an. Denn die kleinen Kramläden waren dem Herzog ein Ärgernis. So beauftragte er seinen Ludwigsluster Baumeister, Abhilfe zu schaffen. Doch wer hinter die Kulissen sieht, erlebt die gleiche Überraschung wie gegenüber beim einstigen Rathaus.

Der einzige mittelalterliche Bau, der allen Stadtbränden widerstanden hat, ist der Dom. Er überragt den Marktplatz, auch wenn die Häuser ihm so nahe kommen, daß die Massigkeit seines Bauvolumens nicht recht zur Geltung kommt. Manche aber schätzen gerade den Kontrast zum klassizistischen „Säulengebäude". Schließlich war der Schweriner Dom auch gleichzeitig Pfarrkirche und steht nicht ohne Grund am Markt. Deshalb erfolgt der Zugang auch nicht von der westlichen Turmseite her, sondern durch das dreischiffige Querhaus. Es lohnt sich, den Blick aufwärts zu richten zum hohen schmalen Fenster und weiter zum Giebel, dessen Blendnischen und Seitentürmchen die Vertikale unterstreichen. Daß der Bau eine Länge von 100 Metern hat, sieht man ihm von hier aus nicht an. Auch wenn das Portal mit den feingliedrigen Leibungen durchschritten ist, geht man automatisch auf die Vierung – den Kreuzungspunkt von Lang- und Querhaus – zu und hat nicht die Längenausdehnung des Mittelschiffs vor sich. Aber auch so überwältigt das Raumerlebnis. Trotz unterschiedlicher Bauzeiten – der Chor 1327 vollendet, das Langhaus 1374, seine Wölbung 1416 – ist eine einheitliche, harmonische Gesamtwirkung erreicht. Bei der Restaurierung der 80er Jahre weiß getüncht mit farbig abgesetzten Rippenbögen, wirkt der Raum hell und klar gegliedert. Mit 26,5 Metern Höhe ist das Mittelschiff doppelt so hoch wie breit, was den zwingenden Vertikaleindruck erklärt. Wer an katholische süddeutsche Kirchen gewöhnt ist, wird vielleicht die reiche bis überreiche Ausstattung vermissen, die Fülle der Nebenaltäre, Epitaphien, Votivtafeln. Gewiß, aus mittelalterlicher Zeit ist wenig überkommen. Was bei der Reformation nicht beseitigt wurde, fiel der Totalrestaurierung des 19. Jahrhunderts zum Opfer. Damals wurde der Innenraum backsteinrot ausgemalt und auch das Chorgestühl in neogotischem Stil erneuert. Positiv zu vermerken ist der Einbau der großen Orgel von Friedrich Ladegast auf der Westempore. Das 1868-70 in Weißenfels hergestellte Instrument ist mit 84 Registern und rund 6000 Pfeifen die größte Orgel in Mecklenburg. Ihr Ruf veranlaßte sogar Albert Schweitzer, sich für ihre Erhaltung einzusetzen. 1988 wurde sie vollständig restauriert. Wegen des Einbaus der Orgel mußte das sogenannte „Weihnachtsfenster" nach dem Entwurf von Gaston Lenthe ins Seitenschiff umgesetzt werden.

Ganz ohne bemerkenswerte ältere Glanzstücke ist der Dom nun auch nicht. Von der alten Ausstattung erhielt sich der Kreuzaltar im Chor, der nach seinem Stifter, dem Bischof Loste, auch Loste-Altar genannt wird. Der um 1495 entstandene spätgotische Flügelaltar hat als Mittelschrein ein älteres vielfiguriges Sandsteinrelief mit der Passion Christi (Lübeck, um 1420), flankiert von den beiden Schutzpatronen, denen der Dom gewidmet ist, nämlich Maria und Johannes dem Evangelisten. In den Seitenflügeln stehen zweireihig unter Maßwerkbaldachinen die zwölf Apostel und vier Heilige vor Goldgrund. Mit Goldglanz überzogen sind auch Ornamente und Gewänder. Nicht erhalten blieben leider die Gemälde der Rückseiten.

Reste der Wandbemalung wurden jedoch bei der Freilegung der unteren Putzschicht entdeckt, so am Gewölbe und an den Wänden jener kleinen Mariä-Himmelfahrts-Kapelle im nördlichen Querhausseitenschiff, wo das ebenfalls gotische bronzene Taufbecken steht. Deutlich sind Medaillons mit Evangelistensymbolen, Königen, Propheten, biblischen Szenen und Rankenwerk erkennbar, an der gegenüberliegenden Südwand des Querhauses erscheint mehr schemenhaft ein großer Christophorus. Das große Triumphkreuz mit vergoldeten Blättern, das hoch auf einem Balken im Mittelschiff steht, gehörte ursprünglich der Wismarer Marienkirche, deren Schiff 1960 gesprengt wurde. Als besonderer Schatz gelten die beiden Doppelgrabplatten in Messingschnitt für die Bischöfe von Bülow aus einer flandrischen Werkstatt der zweiten Hälfte des 14. Jahrhunderts. Aus den Jahren 1525-27 stammt das Epitaph der Herzogin Helene von Mecklenburg, ein Bronzeguß von Peter Vischer dem Älteren in Nürnberg. Ein halbes Jahrhundert später entstand das Grabmonument für Herzog Christoph und seine Frau Elisabeth, von Robert Coppens aus Antwerpen in Sandstein und Marmor gemeißelt, freiplastisch wie im Güstrower Dom das Wandgrab seines Bruders Herzog Ulrich. Es lohnt sich also, auch den Chorumgang aufmerksam zu betrachten. Dabei wird deutlich, daß die mecklenburgischen Herzöge Künstler von weither holten.

Unter der Orgelempore lädt ein Schild zur Turmbesteigung ein. Wie wär's mit einem Blick aus der Perspektive eines Turmfalken auf die Stadt? Das Schneckengewinde der Treppe ist zugegebenermaßen eng und düster wie bei einem „richtig" alten Turm. Wenn Sie nach Stufe 144 Licht sehen, besteht noch kein Grund zum Aufatmen, denn es geht noch mehrere Kehrtwendungen über 76 Holz- und Betonstufen weiter, vorbei an den Glocken, auf deren plötzliches Dröhnen Sie zu jeder geraden Viertelstunde gefaßt sein müssen. Doch wenn Sie dann oben die Holztür aufstoßen, sind die Mühen des Aufstiegs vergessen! Unter Ihnen liegt das strahlend blaue Viereck des Pfaffenteichs, umsäumt vom Grün der doppelreihigen Linden, hinter dem Wasser der Spieltordamm und dahinter wieder Wasser, der Ziegelsee. Das ist gestaltete Stadtlandschaft! Sie werden jetzt verstehen, daß die Schweriner ihren Papendiek lieben, obgleich sie doch so viele natürliche Seen haben. Der Pfaffenteich war ursprünglich ein Sumpfgebiet und die heutige Mecklenburgstraße ein Fließgraben. Künstlich durch Aufstauung entstand ein Fischteich, um dessen Fangrechte Domkapitel und Stadt sich nicht immer einig waren. Die heutige Form gab ihm – wie gesagt – Demmler. Ein Spaziergang um dieses Gewässer ist sehr zu empfehlen. Gleich vorn an der Ecke wird Ihnen ein elegantes weißgetünchtes Gebäude mit einer Büste von Ludwig Brunow davor auffallen: die Kücken-Stiftung. Sie diente der Förderung musikalisch Begabter und ist heute Sitz des ZDF. Diese Seite des Ufers wurde erst relativ spät bebaut. Vor dem Gymnasium eine zweite Büste: der Trojaausgräber Heinrich Schliemann – selten ohne respektlose Möwe auf dem Kopf. Ihr Schöpfer ist Hugo Berwald, von dem auch der erwähnte Brunnen vor dem Bahnhof sowie das Standbild der Alexandrine stammen. Wenn Sie glauben, daß der ganze Weg um den Teich zu lang ist, können Sie mit dem Pfaffenteichdampfer ans gegenüberliegende Ufer gelangen, etwa zum Bahnhof, zum Niederländischen Hof, zur Paulskirche oder zum Arsenal. Aber auf all das läßt sich hier oben nur hinweisen. Rechts im Hintergrund am Turm der Schelfkirche können Sie erkennen, daß es hier nicht nur Backsteingotik und -neogotik, sondern auch Backsteinbarock gibt. Doch hat der Baumeister Reutz den roten Backstein mit weißem Pirnaer Sandstein kombiniert. Die sehenswert einheitliche Siedlung jedoch ist in Fachwerk errichtet. Die Schelfstadt sollten Sie unbedingt in Ihre Streifzüge einbeziehen und die Kirche umwandern. Diverse Gedenktafeln erinnern an Größen der Stadt: der Dichter Heinrich Seidel wohnte als Kind im Pfarrhaus gegenüber, der Kunstsammler, Dichter und Übersetzer Graf Adolph Friedrich von Schack wohnte hinter der Kirche, ebenso der Opernkomponist Friedrich von Flotow. Die Straßenführungen sind von oben kaum zu erkennen. Aus dem Gewirr der Häuser heben sich nur die größeren heraus.

Wenn Sie auf der Turmplattform nach links weitergehen, sehen Sie in den Hof des Hauptpostamts, dessen Eingang in der Mecklenburgstraße ist. Beim nächsten Richtungswechsel wird im Hintergrund der Fernsehturm sichtbar inmitten der Hochhäuser des Großen Dreesch. Daß zu Füßen des Turms ein Gewimmel enger Straßen zu gemütlichem Bummeln einlädt, ist zu erahnen. Manche heißen sogar „Enge Straße", und bestimmt haben Sie schon das originelle kleine Fachwerkhaus Ecke Buschstraße/3. Enge Straße auf Fotos gesehen. Ein beliebtes Fotomotiv ist auch der Blick durch die Buschstraße mit dem extremen Kontrast zwischen dem kleinen, idyllischen Kunstgewerbehaus und hohem Domturm. Lassen Sie sich Zeit, in diesen Fußgängerzonen zu flanieren, in der Schmiedestraße, Mecklenburgstraße, Schloßstraße. Hier, eingebaut in die Straßenzeile, steht die katholische St. Annenkirche, 1792 von Busch entworfen.

Ein paar Schritte weiter auf dem Turm und Sie sehen herunter auf den Markt wie auf ein kleines Stadtmodell. Die Häuser gegenüber strahlen vornehme Distanz aus. Hier war früher das „Resi" = Residenzcafé mit Stehgeiger. Im Hintergrund links hinter einem viereckigen Gebäude, dem Theater, schließlich das eigentliche Wahrzeichen Schwerins, das vieltürmige Schloß. Noch eine Kehrtwende und der Blick geht haarscharf den First des Kirchenschiffs entlang, registriert dessen Unregelmäßigkeiten, wird gebremst vom erstaunlich breiten Querschiff und schließlich gefangen vom Blau des Wassers dahinter. Das nun ist der Schweriner See, aber nicht in seiner vollen Länge. Erkennbar ist auch, daß das Gelände um Schwerin herum keineswegs flach, sondern hügelig gewellt ist. Wenn Sie den Schweriner See in seiner ganzen Länge und Pracht überblicken wollen, dann fahren Sie über den Paulsdamm, biegen vor Dorf Rampe nach links ab, fahren die schmale Straße direkt unten am See entlang, biegen an der Gabelung rechts ab und halten bei den ersten Häusern hügelwärts! Hier erleben Sie, was in Zahlen immer so nüchtern klingt, daß der Schweriner See von Zippendorf bis Bad Kleinen eine Längenausdehnung von 21 Kilometern hat.

Wenn ich als Kind aufschnappte, daß die Reise nach Schwerin gehen sollte, schlug mein Herz höher. Doch Schwerin, das waren für mich nicht Dom, Markt und enge Altstadtstraßen – die gab es zuhaus auch und Fachwerk erst recht –, sondern es war die Weite des Alten Gartens mit der verheißungsvollen Umrahmung: Theater, Museum, Schloß. „In Schwerin weht Hofluft", pflegte meine Mutter zu sagen, und genau das war für mich das Besondere. Diese Hofluft wehte im dreirängigen, mit Gold und Zierrat überzogenen Residenztheater, etwas antikischer gefärbt im respektgebietenden Gebäude des Museums, wo die detailreichen Gemälde der alten Niederländer in ihren Prunkrahmen so viel zu erzählen hatten, und – last but not least – eben das Schloß. Es war einfach undenkbar, daß wir nach Schwerin gefahren wären, ohne einmal das Schloß zu umrunden. Das war in jeder Jahreszeit märchenhaft: Ob im Frühling die Trauerweiden in zartem Hellgrün erstrahlten, ob im Sommer das volle Laub die Bäume undurchsichtig machte, ob die Herbstnebel in den bunten Blättern spielte oder Schnee die Bäume und Türme überstäubte. Und was für Bäume waren das! Exotische, deren Namen ich hier zum erstenmal hörte: Ginkgo, Platane, Kalifornische Sumpfzypresse. Von künstlerischer Gartengestaltung und Architekturstilen wußte ich damals nichts. Ich genoß ganz einfach die Atmosphäre. Schön gruselig war es in der Grotte und durchaus glaubhaft, daß der kleine Schloßgeist Petermännchen, der in Stein gehauen links am Schloßeingang steht, hier sein kleines Boot hatte und beim Anrücken von Feinden Schätze im See versenkte oder armen Fischern auch mal einen Edelstein ins Netz schmuggelte. Und daß in einem so riesigen Schloß ein König mit großem Troß leben mußte, wußte man ja aus den Märchen, auch wenn der König hier „Großherzog" hieß. Daß schon längst kein Großherzog mehr das Land regierte, sondern ein Gauleiter namens Hildebrandt, ist mir als Kind nie aufgegangen. Auf jeden Fall war es hier paradiesisch. Als mir dann später eingeredet werden sollte, daß das Schloß als Beispiel für Historismus und Eklektizismus etwas ganz Scheußliches und Verabscheuenswürdiges sei, hörte ich weg. Inzwischen ist ein Sinneswandel erfolgt, und man darf das Schloß wieder mit gutem Gewissen schön finden. Sogar als Kunsthistoriker. Auf der Denkmalliste steht das Schloß ganz oben, und das frische Gold auf Türmen, Zinnen und an dem drachentötenden Erzengel Michael zeigt, wieviel dem Landtag sein Amtssitz wert ist. Aber nicht nur das. Als Besucher Schwerins dürfen Sie sogar *in* das Schloß und eine ständig zunehmende Zahl historischer Räume besichtigen.

Gehen wir also vom Alten Garten – der einstmals wirklich der Obstgarten des Renaissanceherzogs Johann Albrecht war, später Exerzier- und Versammlungsplatz – auf die Schloßbrücke zu. Schon durch die beiden obotritischen Rossebändiger auf den seitlichen Postamenten werden wir auf die wendische Vorzeit eingestimmt. Dazu paßt das große weiße Reiterstandbild Niklots hoch oben in der Mitte der Schloßfassade unter dem laternenartig durchbrochenen Hauptturm. Wenn Sie unter den Kolonaden stehen, können Sie auch die Liste der Nachkommen mit Lebensdaten lesen. Doch dies gehörte nicht zum Entwurf Demmlers. Wie ältere Schloßansichten zeigen, hatte der Architekt des 19. Jahrhunderts die schwierige Aufgabe, aus einem Konglomerat verschiedenartiger Bauten aus unterschiedlichen Zeiten etwas Einheitliches zu gestalten. Zwei Entwürfe wurden abgelehnt. Demmler reiste, suchte und fand Anregungen schließlich an der Loire. Schloß Chambord wurde ihm Vorbild. 1845 begann der Umbau.

Für die Handwerker der Stadt eine Chance. Von 700 Beschäftigten ist die Rede. Demmler als überzeugter Demokrat sorgte für ihre Unfallversicherung, die sich auch als sehr notwendig erweisen sollte. Nach den Unruhen der Jahre 1848/49 jedoch, wo Demmler offen für seine Ideale eingetreten war, wurde er seines Postens enthoben. Der Berliner Hofbaurat Friedrich August Stüler, ebenfalls Schinkel-Schüler, übernahm 1851 die Leitung des Umbaus. Am 35. Geburtstag der Großherzogin Alexandrine, am 26. Mai 1857, fand die Einweihung mit allem erdenklichen Pomp statt. Fackelzüge, Feuerwerk, Böllerschüsse, Glockengeläut. Flotow hatte eigens die Oper „Johann Albrecht" komponiert. Eine großformatige Festschrift kam heraus, mit Farblithographien u. a. von Jentzen. Der preußische König ver-

Ansichtskarte mit touristischer Werbung, um 1912

teilte eigenhändig Orden. Den Roten Adlerorden erhielt Stüler, nicht Demmler.

Gewiß, mit diesem Schloß ließ sich prunken. Sehen Sie selbst! Da gibt es einen Thronsaal, eine Ahnengalerie, eine Schlössergalerie, eine Bibliothek, eine sehr sehenswerte Schloßkirche, Wohn-, Schlaf- und Speiseräume, großzügige Treppenaufgänge, und es gab einen „Goldenen Saal", der 1913 ausbrannte. Von allen Räumen aus geht der Blick auf die Anlagen des englischen Burggartens, an dem Peter Joseph Lenné mitwirkte, und auf den französischen Park, den Jean Legeay 1748-56 entwarf, mit Kreuzkanal, Permoserplastiken und Laubengängen und vor allem viel Wasser. Der Schweriner See (mit Anlegeplatz der Weißen Flotte) und der Burgsee (mit Ausleihmöglichkeiten von Booten und Wassertretern) umfließen die Insel.

Dem Rundgang durch die Räume sollte ein Rundgang ums Schloß folgen oder vorangehen. Und da wird eines deutlich: daß nämlich gar nicht alles Fassade des 19. Jahrhunderts ist, sondern daß auch Teile aus Renaissance und Barock integriert sind. Am schönsten präsentiert sich der „Johann-Albrecht-Stil" mit den Terrakottareliefs aus der Werkstatt des Statius van Düren in Lübeck an der nördlichen Seitenfront neben der Kirche. Dieser Stil, der auch den Charakter des Wismarer Fürstenhofs und des Gadebuscher Schlosses prägt, wurde im 19. Jahrhundert nachgeahmt, so am erwähnten Bau der Kuetemeyer-Stiftung am Pfaffenteich. Der Burggarten bietet zwei Spaziermöglichkeiten: unten am Wasser entlang durch die Grotte, vorbei an der Orangerie mit der Festspielbühne, oder oben mit Blick hinab in den windgeschützten Palmengarten. Dann – über die hölzerne Drehbrücke – kommen Sie in den Schloßgarten, empfangen von einem unübersehbaren Reiterdenkmal. Entworfen von Ludwig Brunow, sitzt Friedrich Franz II. stolz und wehrhaft auf seinem Roß. Wesentlich ziviler steht sein Vater Paul Friedrich als Standbild von Christian Daniel Rauch seitlich vor dem Schloß. Die strenge Symmetrie der Anlage des Kreuzkanals mit seitlichen Laubengängen und Permoserfiguren, deren Originale im Magazin stehen, ist deutlicher erkennbar von der gegenüberliegenden Chaussee her. Sehr romantische Ecken bietet der Schloßgarten, geschwungene Brücken über Bäche, in die sich Trauerweiden neigen, den Ausflugspavillon und – am Faulen See – die als technisches Denkmal funktionstüchtige Stein-Schleifmühle. Und das alles belebt durch die allgegenwärtigen Wasservögel. Lassen Sie sich Muße, die Schwäne, Haubentaucher, Bleßrallen, Enten und Möwen zu beobachten! Überhaupt ist Schwerin nichts für eilige Besucher, die alles nur mal schnell gesehen haben wollen.

Auf dem Alten Garten ragt links eine Siegessäule auf. Die Frauengestalt ganz oben ist Megalopolis, die gräzisierte Allegorie Mecklenburgs, gegossen aus den eroberten Kanonen der besiegten Franzosen 1870/71. Am Sockel listet eine Gedenktafel die Gefallenen im Deutsch-Französischen Krieg auf.

Das große weiße Gebäude – schon mehrmals erwähnt – ist das Kollegiengebäude, heute Sitz der Landesregierung. Ein Platz mit Vergangenheit: zuerst stand hier ein Franziskanerkloster, das abbrannte, dann eine Fürstenschule, dann entwarf Demmler diesen Verwaltungsbau, der in braunen und roten Zeiten Ideologiezentrale war. Gegenüber ein Fachwerkbau, das Palais für die Herzogsfamilie, im Winter bevorzugt, weil das riesige Schloß schwer zu heizen war. Von hier aus verfolgte Paul Friedrich den Fortgang des Schloßumbaus, dessen Fertigstellung er nicht mehr erlebte.

Das Theater hat eine lange Vorgeschichte und einen guten Ruf. Abgesehen davon, daß Komödianten schon im 17. Jahrhundert Aufführungen im Schloß boten und daß Christian Ludwig die Schönemannsche Theatergruppe 1740 engagierte, gründete Conrad Ekhof, „der Vater der deutschen Schauspielkunst", hier die erste deutsche Schauspielerakademie. 1788 wurde ein Reit- und Ballspielhaus am Alten Garten zum Schauspielhaus umgebaut. 1831 brannte es ab. Das gleiche Schicksal traf auch den Neubau von Demmler 1882. Georg Daniel entwarf das neubarocke Gebäude, das 1886 eingeweiht wurde. Das Theater hat 1000 Plätze, der Konzertsaal 500. Die Geschichte der Mecklenburgischen Staatskapelle reicht bis ins Jahr 1563 zurück.

Einige Schritte weiter stehen Sie vor dem Staatlichen Museum, errichtet auf den Fundamenten eines geplanten Palais. Der Entwurf des Demmler-Schülers Hermann Willebrand orientiert sich an üblichen klassizistischen Museumsbauten, wobei der erste Galeriedirektor Friedrich Schlie Details wie die Giebelplastiken selbst festlegte. Am 22. Oktober 1882 fand die Einweihung statt. Die große Treppe mit den Löwen gehört nicht zum ursprünglichen Plan. Das Museum ist reicher an hochrangigen Kunstschätzen, als gemeinhin vermutet wird. Die Räume können nur einen Bruchteil zeigen, so als Dauerausstellung niederländische Gemälde und Hofkunst des 18. Jahrhunderts. Zum Bestand gehören auch die Ausstellungsstücke und die Ausstattung im Schweriner Schloß sowie die Kunstwerke im Güstrower und Ludwigsluster Schloß, denn alle diese Einrichtungen unterstehen dem Staatlichen Museum Schwerin. Den Grundstock der Sammlung schuf Herzog Christian Ludwig II., dessen frühe Gemäldegalerie zwar beim großen Stadtbrand in Grabow 1725 mit dem dortigen Schloß vernichtet wurde, der aber unverdrossen von neuem sammelte, was auf dem Kunstmarkt und in Ateliers zu haben war. Sein Sohn Friedrich reiste drei Jahre lang durch Europa und kaufte. Wenn auch nicht alle folgenden Herzöge diese Kunstbegeisterung teilten, so kam doch im Laufe der Zeit vieles zusammen. Das Museum hat nicht nur eine Gemälde- und Plastikabteilung, sondern auch eine umfangreiche Sammlung von Handzeichnungen und Druckgraphiken sowie eine Kunsthandwerksabteilung mit vielen Bereichen. Sonderausstellungen der Gegenwartskunst sind hier wie auch im Schleswig-Holstein-Haus der Schelfstadt oder in Schloß Wiligrad/Lübstorf zu sehen.

Das Technische Landesmuseum zog in den Marstall. Die archäologischen und volkskundlichen Sammlungen, die sich früher im Museumsgebäude befanden, unterstehen dem Archäologischen und dem Historischen Landesmuseum. Über die Stadtgeschichte unterrichten die Ausstellungen im Haus Großer Moor 38, wobei Neufunde durch Tiefbauarbeiten ständig zur Aktualisierung veranlassen. Wer das Leben auf dem Lande in alter Zeit nachempfinden möchte, dem sei ein Besuch in Schwerin-Mueß sehr empfohlen. 1970 begann hier der Aufbau des heutigen „Mecklenburgischen Volkskundemuseums – Freilichtmuseum Schwerin-Mueß". Häuser wie das niederdeutsche Hallenhaus aus der Mitte des 17. Jahrhunderts, Büdnerei, Scheune und Dorfschule wurden von den Eigentümern aufgekauft, andere Gebäude wie Hirtenkaten, Dorfschmiede und Spritzenhaus dorthin umgesetzt. Da auch das Inventar authentisch ist und zum Umfeld Tiefbrunnen, Backhaus und Kräutergarten gehören, fällt das Zurückversetzen in frühere Zeiten nicht schwer. Was hier fehlt – die baumumstandene kleine Dorfkirche aus Feldstein, Fachwerk oder Backstein – findet sich im Umfeld Schwerins in zahlreichen Varianten. Fast immer sind diese kleinen Kirchen von einem gut gepflegten Kirchhof umgeben, der eingefaßt ist von einer Mauer aus aufgeschichteten Feldsteinen, die die Äcker als Folge der Eiszeit ständig freigeben.

Von den Schweriner Friedhöfen ist der alte am Obotritenring besonders geschichtsträchtig. Hier treffen Sie auf viele berühmte Namen, auch auf das Mausoleum, das Demmler für sich selbst entwarf.

Trotz zahlreicher Touristen ist Schwerin keine laute Stadt, eher eine verträumte, die den Charme einer gemütlichen Kleinstadt mit dem Flair höfischer Repräsentation verbindet, eingebettet in eine seenreiche Endmoränenlandschaft. Was auch immer in Gegenwart und Zukunft gebaut wird, muß diese Grundsituation berücksichtigen.

Summary

Schwerin, the capital of Mecklenburg & West Pomerania, is an attractive place to visit. Its setting in a hilly landscape with numerous lakes gives the city a very special charm. The main attraction for tourists is the great Castle, with its many towers. The Castle stands on an island in the Schweriner See (lake) and is surrounded by extensive gardens and parks, giving it a unique ambience. Although the façade on the city side proclaims the Castle's identity as a building in 19th-century historical style, parts of previous Castle buildings were also incorporated, for example Renaissance sections, with red terracotta reliefs in "Johann Albrecht style". The history of the Castle goes back even further, however. A Wendish Slav castle stood on the same spot but the Obodrite prince Niklot ordered its demolition as Saxon troops commanded by Heinrich der Löwe (Henry the Lion) were approaching. Niklot fell in battle in 1160 and Heinrich went on to found the town of Schwerin. Hence the horseman in the city coat of arms and the lion monuments in front of the Cathedral and in the market-place.

Schwerin was the first town to be founded in this region, but its location – perceived as so attractive today – was a disaster in various ways. The marshy nature of the terrain meant that building land could only be created by pile-driving, and so houses were flimsy and built very close together. The half-timbered houses with their clay filling and thatched roofs burnt like tinder whenever a fire broke out in the town. Later brick buildings from the mediaeval period did not survive the centuries either. Only remnants remain. Nevertheless, the street pattern of the city centre still indicates the original layout. The only remaining building from the Gothic period is the Cathedral, the third such building on the gently rising hill next to the market-place. It served not only as the bishop's seat but simultaneously as the town church and owes its size mainly to the money donated by pilgrims on their way to the Holy Blood. With the Reformation many ancient works of art disappeared from the Cathedral.

On the Schelfe a second residential area – known as the New Town – grew up, with its own church, St. Nikolai (St Nicholas's), and its own town walls. To begin with, the Wends were resettled there and then it became an artisans' district. At the beginning of the 18th century the baroque settlement and its new church – which still exist today – were built according to a master plan.

However, Schwerin owes its present appearance mainly to a pupil of Schinkel's, Georg Adolf Demmler, who, with a view to the future, drew up a general development plan. Many public buildings bear his stamp, for example the Kollegiengebäude (Government Building), the Town Hall façade, and the Marstall (Royal Stables), the Arsenal, and the layout and embankment of the Pfaffenteich (Priest's Pool). Above all, he drew up the plans for the rebuilding of the Castle as an archducal residence and supervised its construction.

Schwerin continued to grow. Roads leading in and out of the town were upgraded, a rail link was established, and new residential districts were added. After the building of the dormitory estates of Weststadt, Lankow and above all Großer Dreesch, Schwerin attained the status of a city in 1972. Nevertheless, the old city centre with its narrow, crowded streets, the promenade around the Pfaffenteich, the Schelf district and, of course, the Castle, remained for many people the "real" Schwerin. The most modern buildings of glass, steel, concrete and chromium will probably do little to change that sentiment.

The town that – apart from a relatively short interlude – was for centuries the main residence of the dukes and archdukes of Mecklenburg-Schwerin was declared the capital of the new Federal state of Mecklenburg & West Pomerania in 1990. The Castle is now the seat of the state parliament but its restored historical rooms can, of course, still be visited.

Theatres, museums, concerts, cinemas, pleasure steamers and hired boats, open-air swimming pools, camping sites, and the zoo all offer diversion in their specific ways. But visitors to Schwerin should, above all, allow themselves to be captivated by the city's special atmosphere.

Blick vom Domturm auf den Markt

Das „Neue Gebäude" als einstige Markthalle bildet einen einprägsamen Kontrast zum dunklen Dommassiv im Hintergrund.

Der etwas „satirische" Löwe erinnert an den Stadtgründer Heinrich den Löwen.

Die Demmlersche Tudorfassade am Altstädtischen Rathaus

Fachwerkgiebelhäuser und gotischer Bogendurchgang an der Rathausrückseite vom Schlachtermarkt

Der Nachguß des Braunschweiger Löwen seitlich des Domturms

Seite 25:
Vor dem Domturm wirkt das Kunstgewerbehaus besonders klein

Die Vertikale beherrscht das Mittelschiff des Doms

Das Grabmonument im Inneren des Domes porträtiert den Herzog Christoph mit seiner Gemahlin.

Das Fachwerkhäuschen Busch-straße 15 mit Geschoßüberstand zur 3. Engen Straße

Blick über den Pfaffenteich zur Paulsstadt mit der neogotischen St.-Pauls-Kirche

Die Büste des Troja-Ausgräbers Heinrich Schliemann vor dem Gymnasium am Ostufer des Pfaffenteichs

*Seiten 34/35:
Der Komponist Friedrich Wilhelm Kücken stiftete dieses elegante Gebäude dem musikalischen Nachwuchs.*

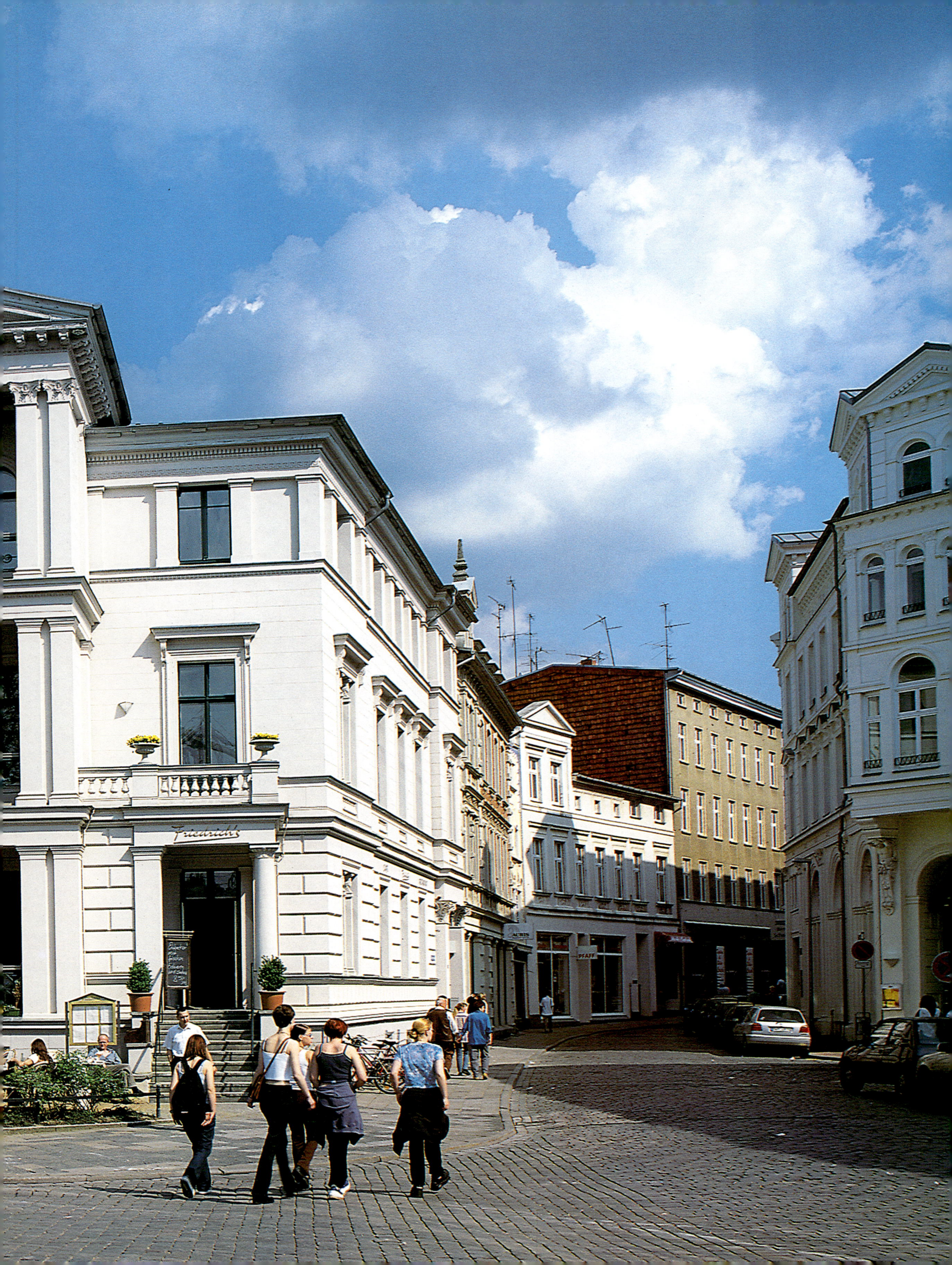
Friedrich's
PFAFF

Blick vom Domturm über Pfaffenteich und Ziegelsee

Ein zur Zeit typisches Stadtbild: Kräne und Baustellen

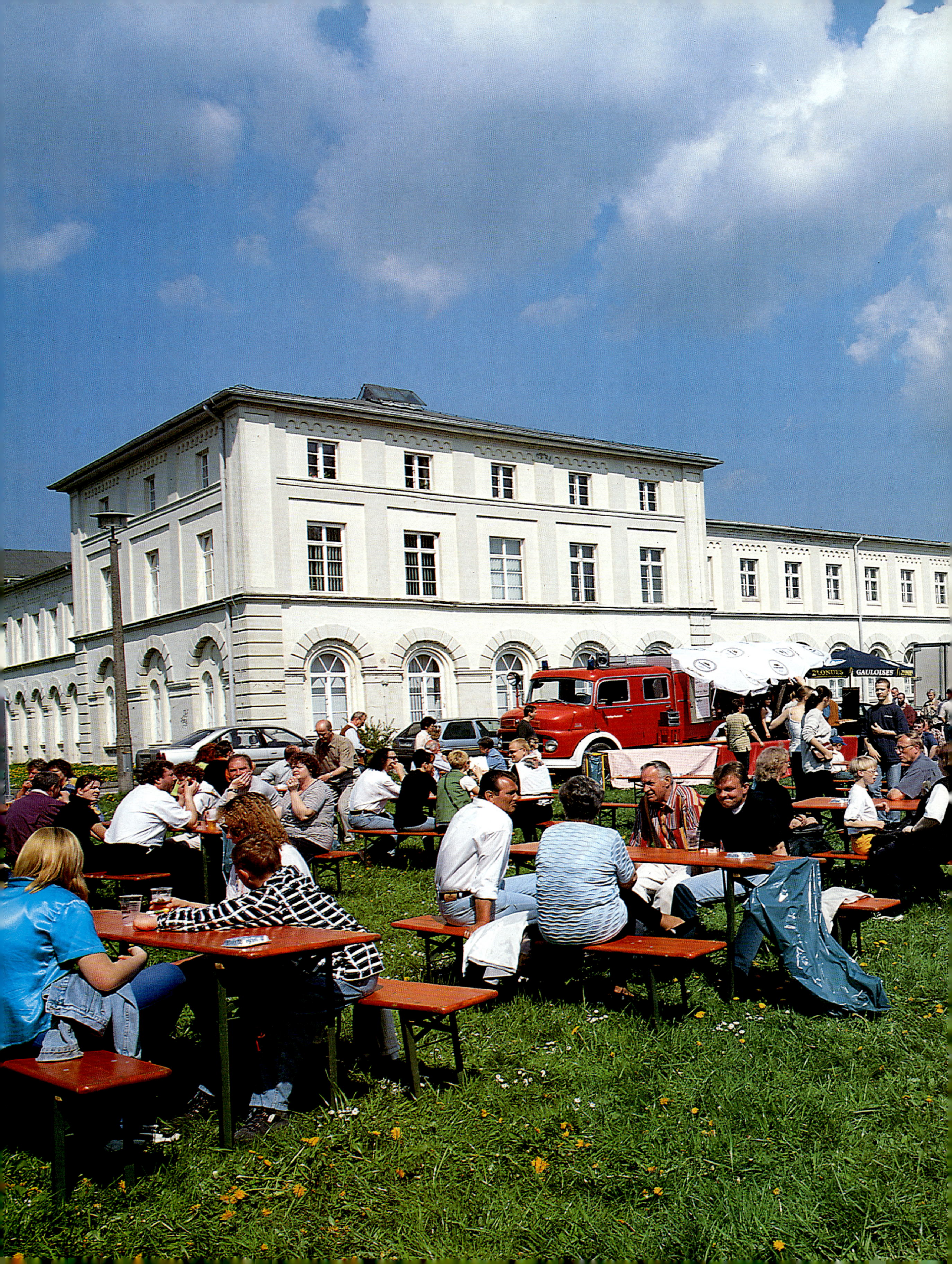
GAULOISES

Festtagswiese seitlich des einstigen Marstalls (heute Sozial- und Kultusministerium und Technisches Landesmuseum)

Das Fachwerkhaus Großer Moor 38 dokumentiert heute die Stadtgeschichte.

Seite 41:
Hochrangige Kunst birgt das Staatliche Museum Schwerin

MUSEUM

293.-1.6.98
SINNBILD UND REALITÄT

293.-1.6.98
Niederländische Druckgrafik im 16./17. Jh.

Mit dem Theater und dem Museum ist der Alte Garten ein kulturelles Zentrum mit langer Tradition.

Blick über den Burgsee zum Alten Palais an der Schloßstraße

Partie mit englischem Park auf der Schloßinsel

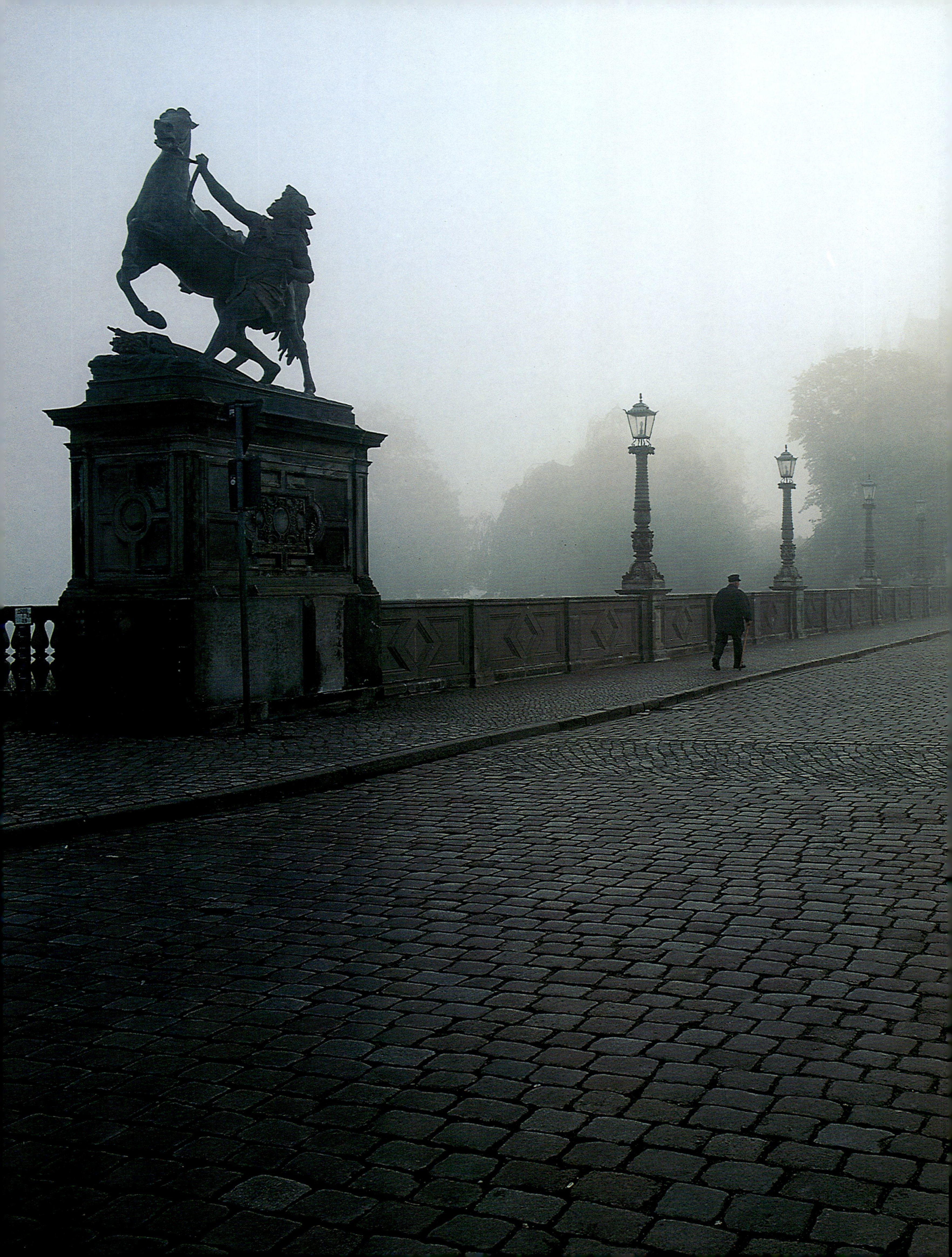

Im Nebel scheinen die obotritischen Rossebändiger auf der Schloßbrücke zum Leben zu erwachen.

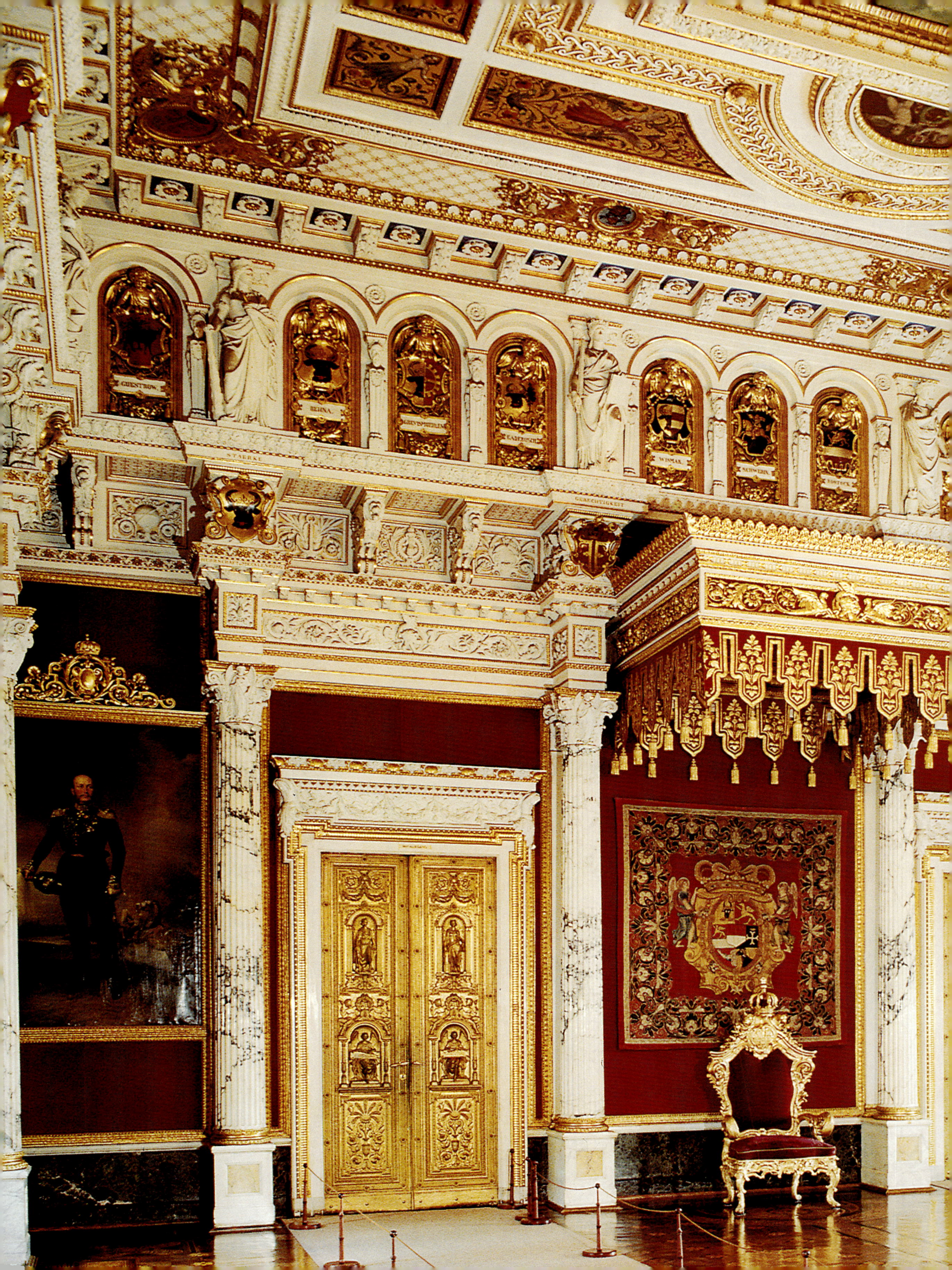

Der prunkvolle Thronsaal in der Beletage gehört zum musealen Bereich des Schlosses und steht den Besuchern offen.

Das traditionelle Ansegeln am 1. Mai auf dem Schweriner See

Ein idyllisches Plätzchen im Burggarten

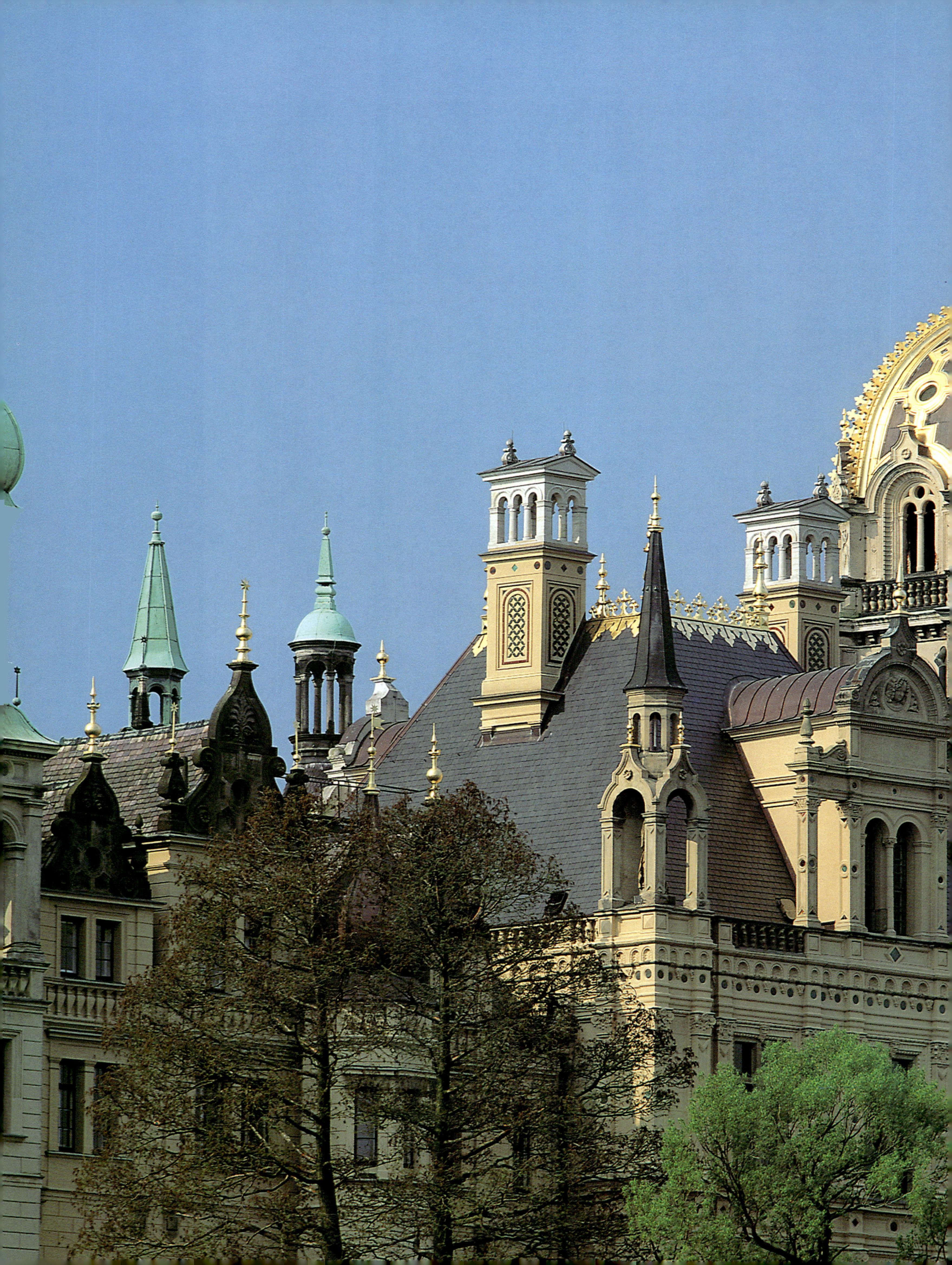

Bei der Vielzahl der Schloßtürme stand das Vorbild des Loire-Schlosses Chambord Pate.

Echt gründerzeitlich: das Reiterdenkmal Friedrich Franz II.

Der barocke Schloßgarten mit dem Kreuzkanal

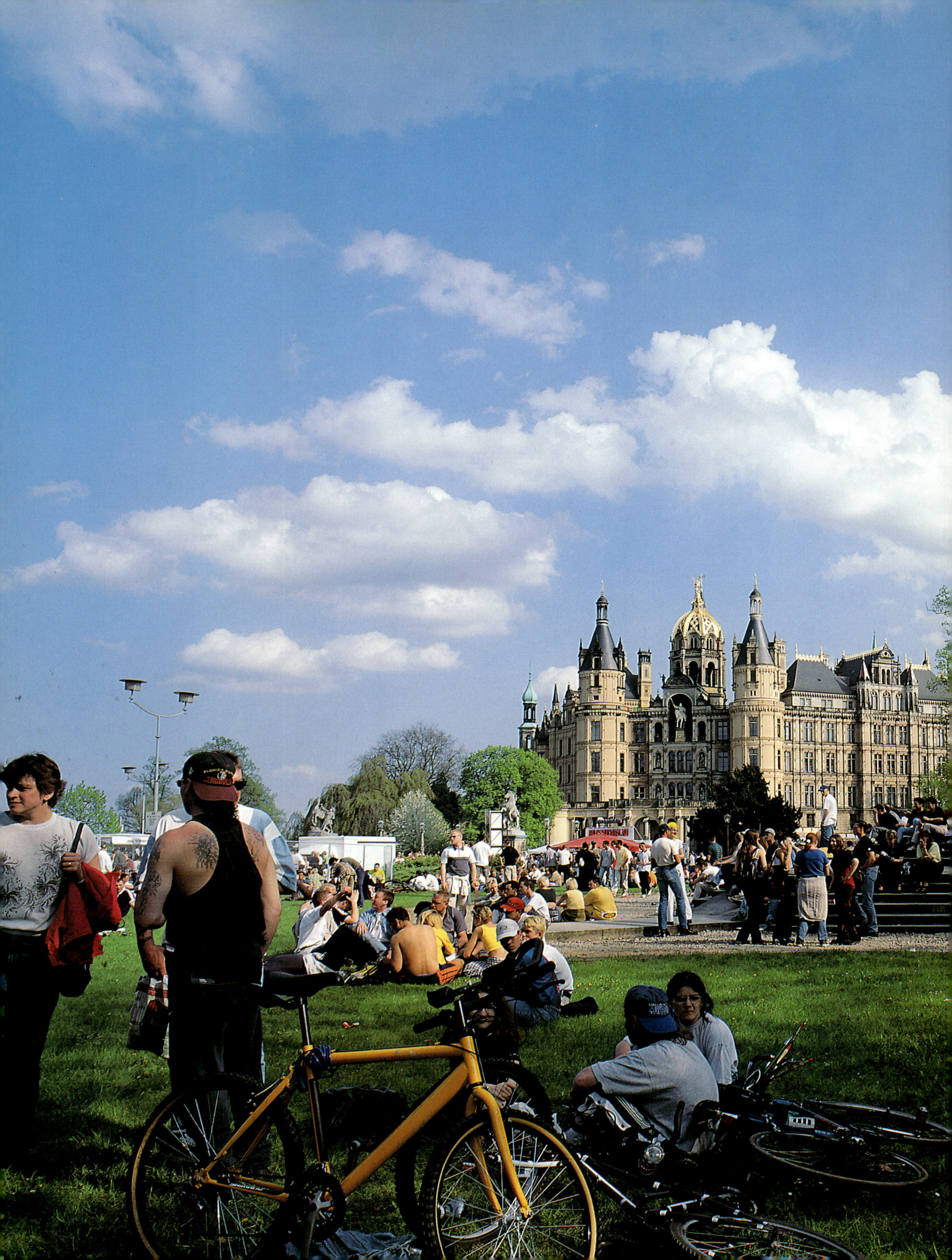

Volksfeststimmung am Alten Garten am Fuße der Megalopolis (Allegorie des Landes Mecklenburg) mit Schloßkulisse im Hintergrund

Die frühere Stein-Schleifmühle am Faulen See ist heute ein technisches Denkmal.

Die Fassade der Artilleriekaserne in der Johann-Stellingstraße

*Seiten 60/61:
Blick von der Schloßinsel zur Werderstraße
mit der Anlegestelle der Weißen Flotte*

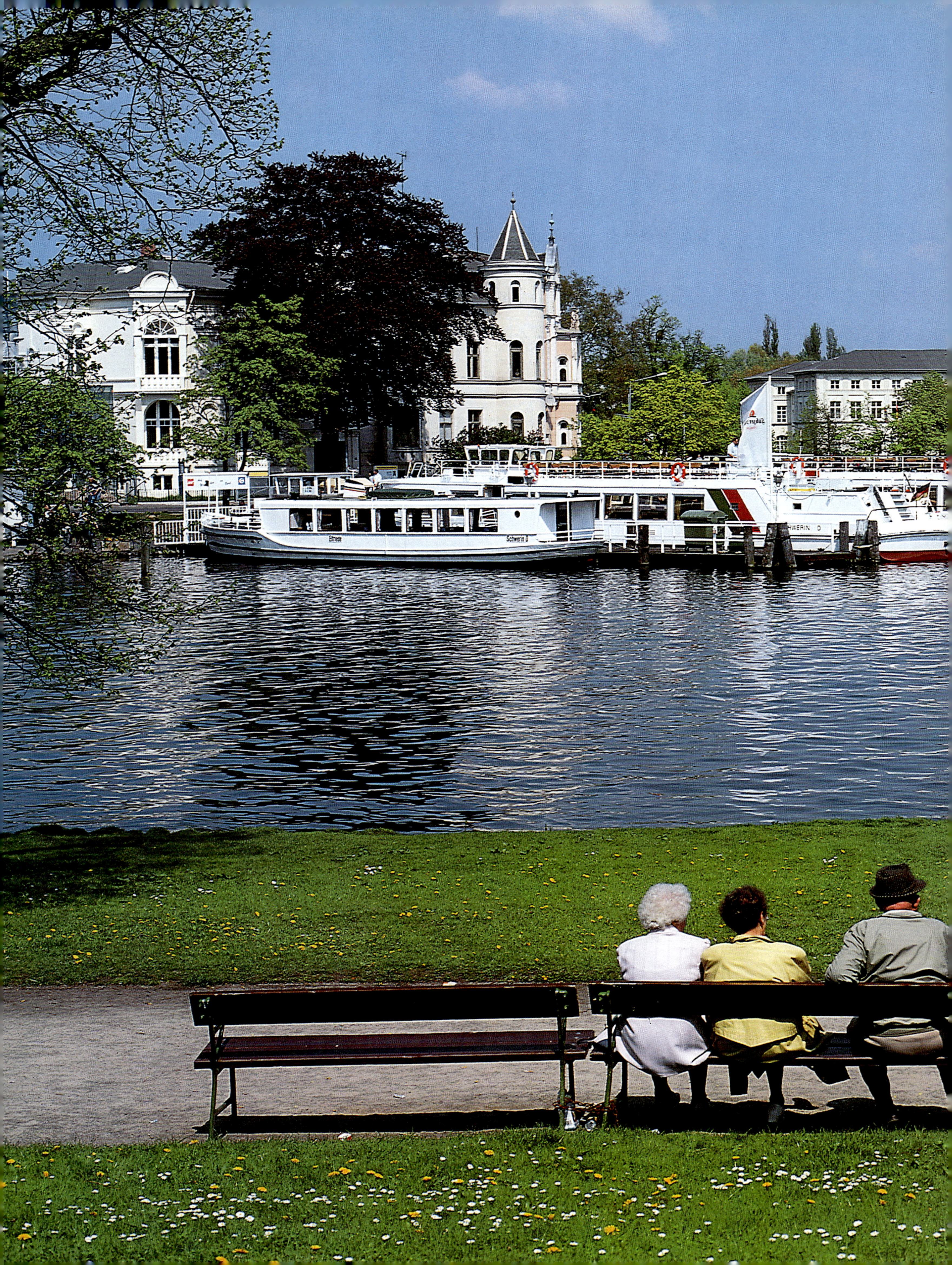

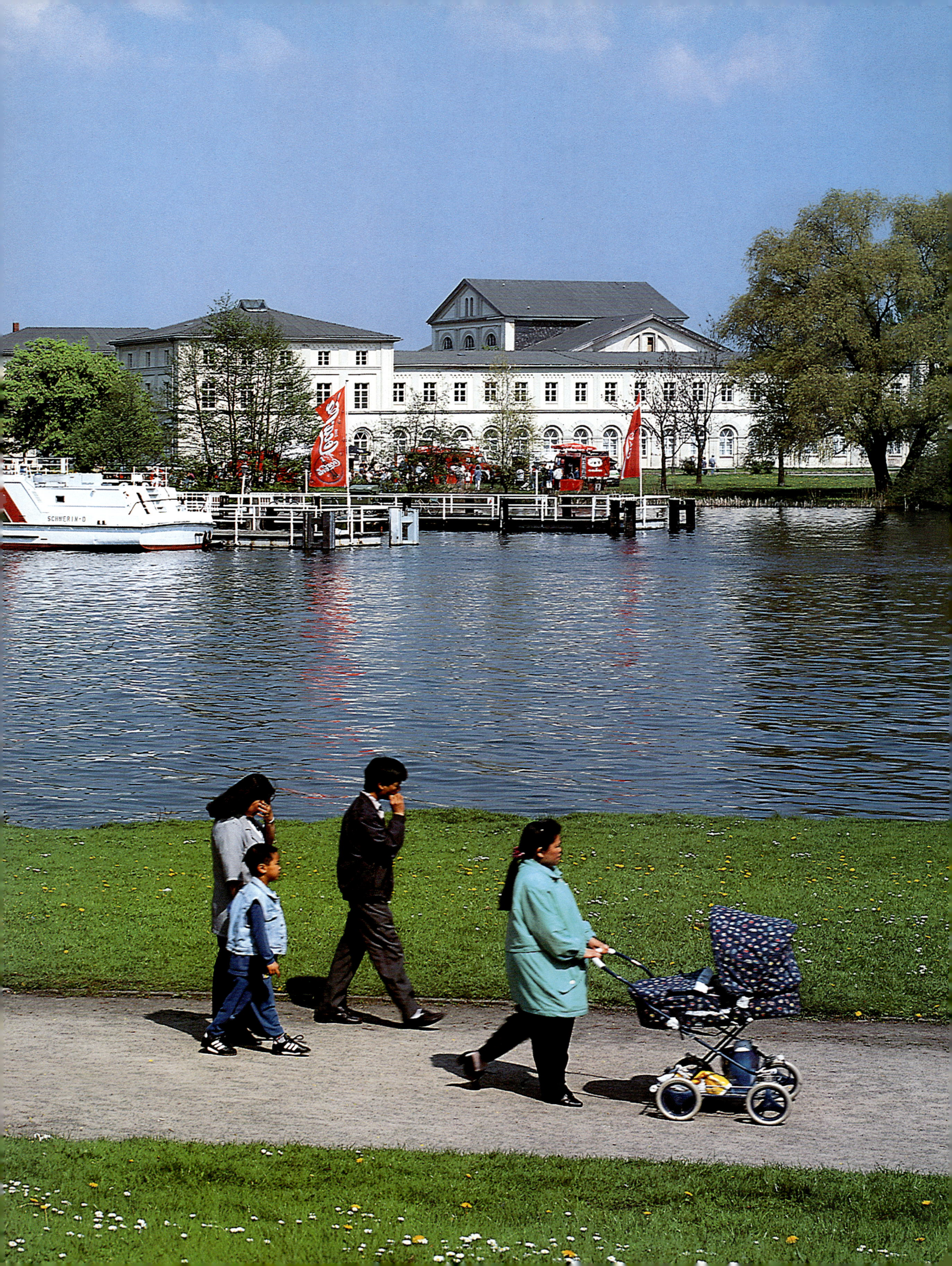
SCHWERIN-D

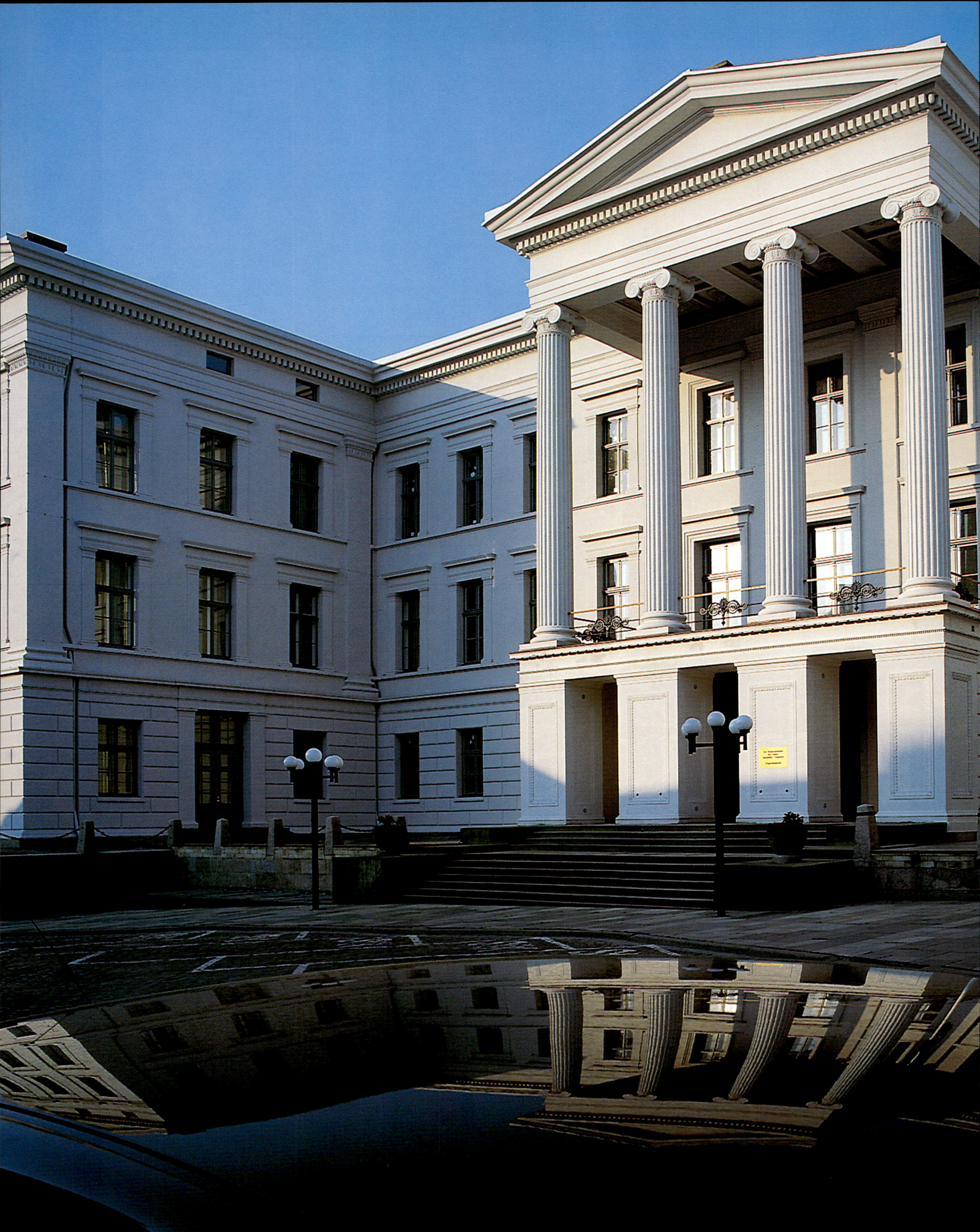

Das Kollegiengebäude in der Schloßstraße ist heute Sitz der Staatskanzlei.

Seiten 64/65:
Blick in die Schloßstraße vom Alten Garten her

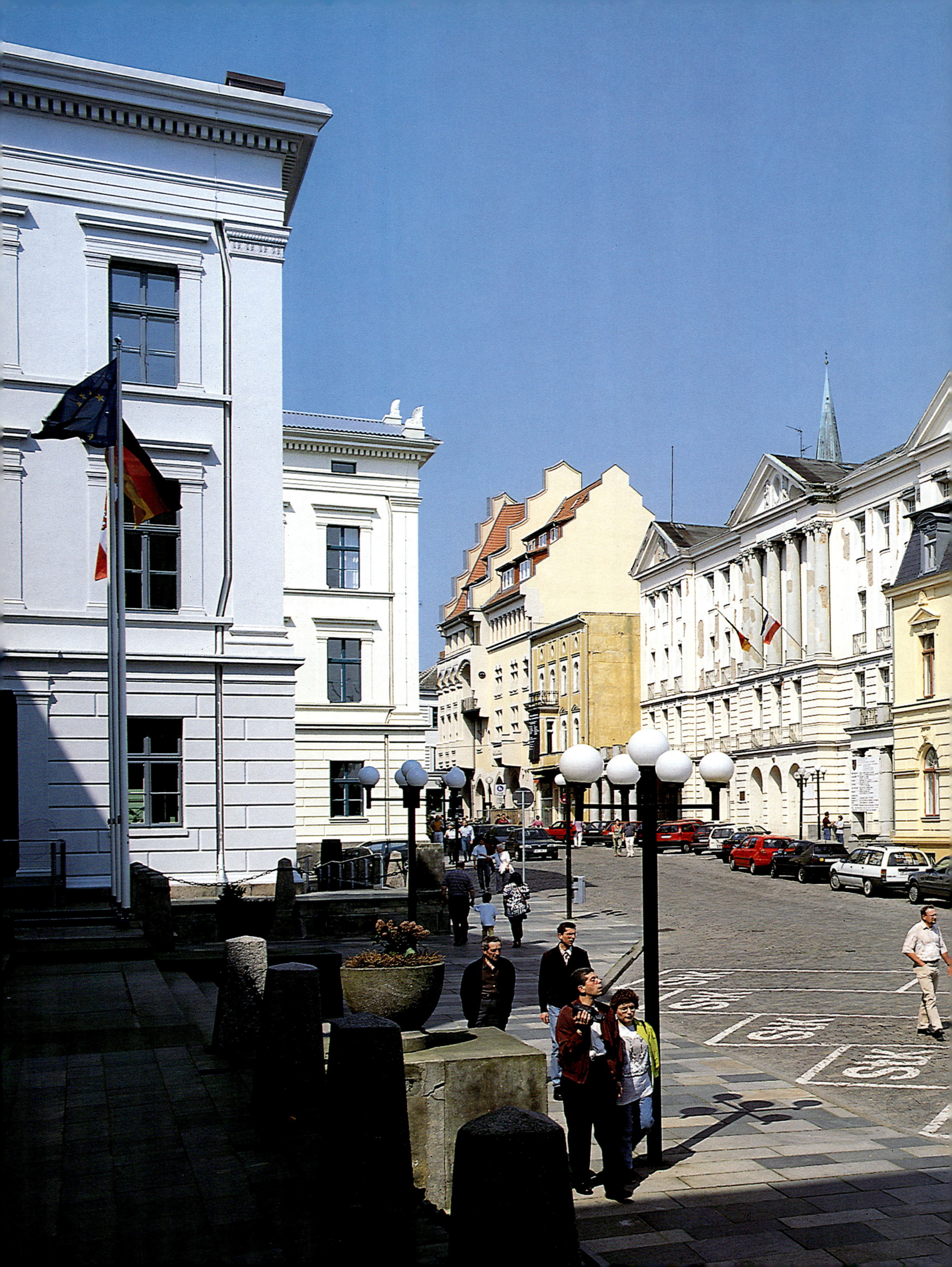

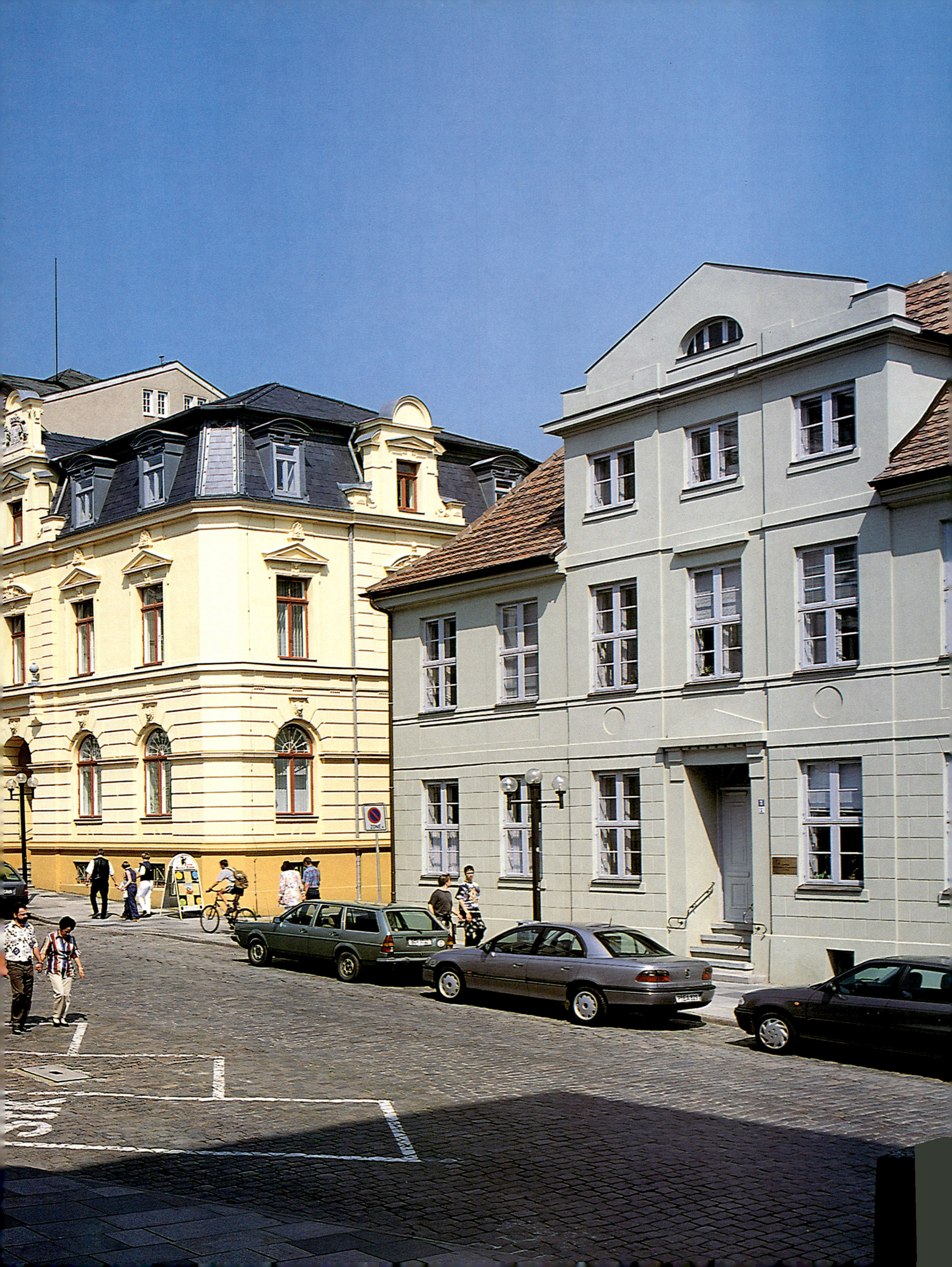

Blick in Richtung Schelfstraße mit der barocken Nikolaikirche

Das Schleswig-Holstein-Haus – eine kulturelle Begegnungsstätte

In neuem Glanz: Ecke Puschkin-/Schliemannstraße

Das Haus Puschkinstraße 69 war schon im Jahr 1857 der Sitz einer Sparkasse.

Landschaft bei Görslow am östlichen Schweriner See

Die ganze Länge des Schweriner Außensees erschließt sich dem Betrachter am besten vom hohen Ostufer bei Retgendorf.

Das Schloß Wiligrad bei Lübstorf greift Renaissance-Formen auf.

Das Mahnmal bei Raben Steinfeld zum Gedenken der KZ-Opfer

Typische Dorfkirche mit Friedhof in Dorf Mecklenburg

Alte Fachwerkscheune in Dorf Mecklenburg

Bauernhaus mit Ziehbrunnen im Freilichtmuseum Schwerin-Mueß

Seite 77:
Strohpuppen im Freilichtmuseum Schwerin-Mueß

Seite 78:
Sonnenuntergang am See

77

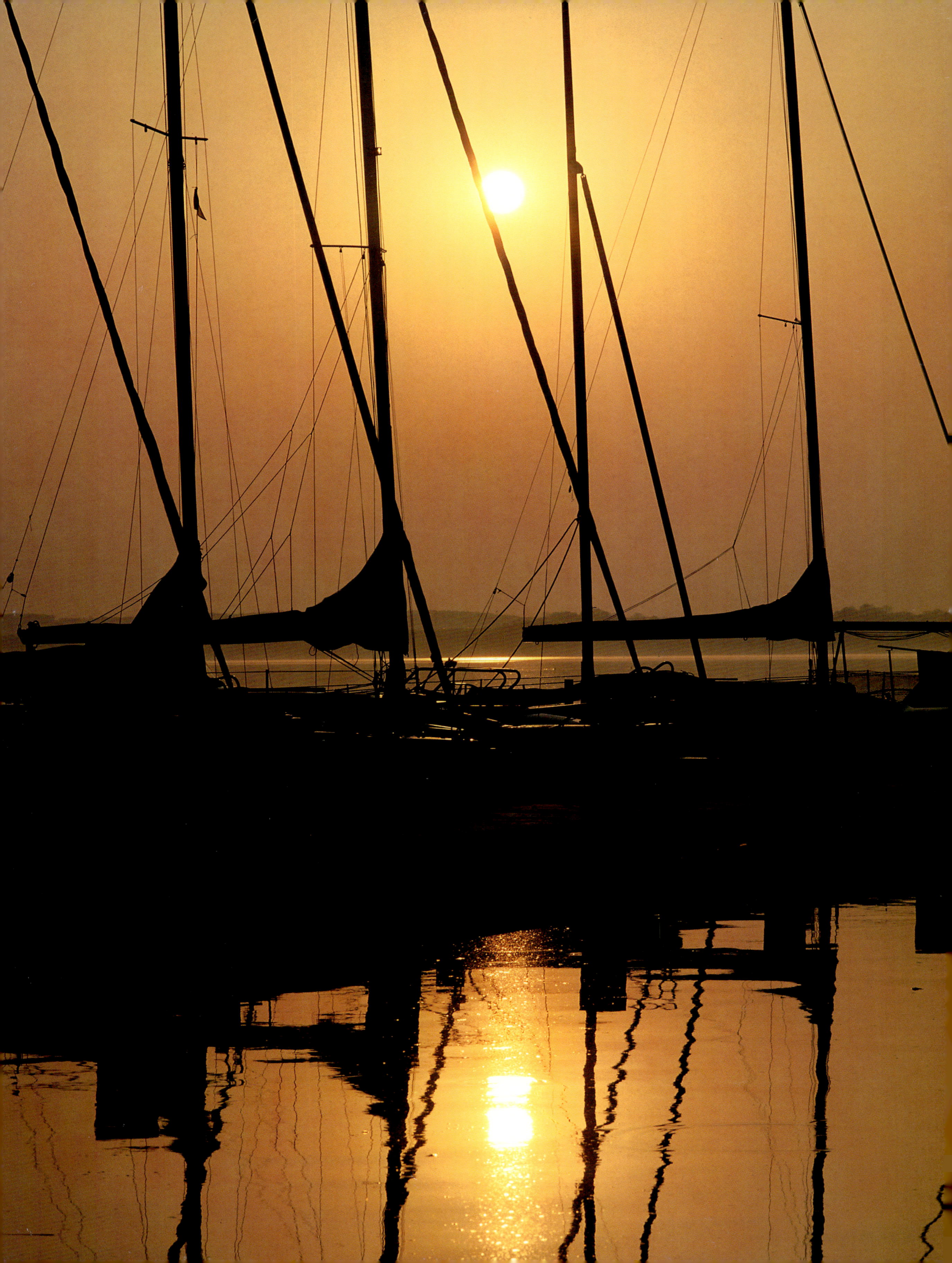

Zeittafel

1018 – Die Burg ZUARIN als Sitz des Obotritenfürsten wird in der Chronik des Thietmar von Merseburg erwähnt.

1160 – Die Sachsen besiegen die Obotriten, Niklot fällt. Heinrich der Löwe verleiht Schwerin Stadtrecht und setzt Gunzelin von Hagen als Statthalter ein.

1167 – Verlegung des Bischofssitzes nach Schwerin

1228 – Erste Erwähnung eines Stadtrats

1270-1416 – Bau des jetzigen Doms (Turm 1889-95)

1340 – Die Stadtmauer wird fertiggestellt.

1348 – Kaiser Karl IV. erhebt Mecklenburg zum Herzogtum.

1358 – Herzog Albrecht II. bringt Schwerin durch den Kauf der Grafschaft wieder in mecklenburgischen Besitz.

1549 – Einführung der Reformation

1531, 1558 und 1661 – Große Stadtbrände

1553 – Bau des „Großen Neuen Hauses" im Schloßbezirk

1701 – Erstes ständiges Theater

1705 – Die barocke Neustadt auf der Schelfe entsteht.

1752-56 – Der Schloßgarten wird nach Plänen von Jean Legeay neu angelegt.

1753 – Conrad Ekhof gründet die erste deutsche Schauspielakademie.

1756-1837 – Ludwigslust ist Hauptresidenz.

1815 – Mecklenburg-Schwerin und Mecklenburg-Strelitz werden Großherzogtümer.

1823 – Georg Adolph Demmler wird Großherzoglich-Mecklenburgischer Baukondukteur und prägt bis 1851 maßgeblich das Stadtbild.

1832 – Alt- und Neustadt auf der Schelfe werden zusammengelegt.

1837 – Erfolgt die Rückverlegung der Residenz nach Schwerin

1842 – Der Paulsdamm durch den Schweriner See wird eingeweiht.

1845-57 – Schloßumbau

1847 – Anschluß Schwerins an das Eisenbahnnetz

1918 – Abdankung des Großherzogs Friedrich Franz IV.

1932 – Bei 53 621 Einwohnern knappe Mehrheit der NSDAP.

1938 – In der „Reichskristallnacht" wird die Synagoge am Schlachtermarkt zerstört.

1945 – Am 2. Mai besetzen anglo-amerikanische Einheiten die Stadt, ab 1. Juli sowjetische Truppen.

1952 – Das Land Mecklenburg wird aufgelöst und Schwerin (wie Rostock und Neubrandenburg) Bezirksstadt.

1955-72 – Die Weststadt, Lankow und der Große Dreesch entstehen.

1972 – Schwerin wird Großstadt.

1989 – Am 23.Oktober auf dem Alten Garten erste „Montagsdemo"

1990 – Bei der ersten freien Kommunalwahl am 6. Mai wird Johannes Kwaschik (SPD) Oberbürgermeister. Am 27. Oktober erklärt der Landtag von Mecklenburg-Vorpommern Schwerin zur Landeshauptstadt.

Auszug aus der vierfarbigen Stadtkarte Schwerin der nordland Kartenverlag GmbH Schwerin + Hannover
© nordland Kartenverlag GmbH Schwerin + Hannover